ニッポン神さま図鑑

宗教民俗研究所編著

JN276033

祥伝社黄金文庫

はじめに

日本人ほど宗教に無節操《むせっそう》な国民はいないと、よくいわれます。

たとえば、一年をみても、元旦には神社に初詣《はつもうで》に行きます。二月の節分は神社でもお寺でもやっています。

春（秋）のお彼岸には菩提《ぼだい》寺や墓園に行って、先祖のお墓参りをします。夏のお盆も先祖供養の大事な行事で、お坊さんは一年のうちでも一番忙しい時期となるようです。

夏祭りや秋祭りは神社でもお寺でもおこなわれます。そして、十二月になるとクリスマスで騒いで、大晦日にはお寺に除夜の鐘をつきに行きます。

また、人の一生を振り返ってみても、生まれてから最初におこなわれる行事は神社に参詣するお宮参りです。七五三は神社でもお寺でもやっています。

受験ともなると、天神さまをはじめ、合格祈願ができるところなら、どんな神社仏閣でもお参りします。最近では、就職難ということですから、就職祈願に出かける人も多いのではないでしょうか。

結婚式はキリスト教の教会でおこない、ご臨終となるとお寺に頼んで葬式をしてもらいます。

こうしてみると、確かに日本人の宗教観は節操がないように思えますが、本当にそうでしょうか。

日本人は大昔から、ありとあらゆるものに対して神さまの存在を認めていました。空には日の神（太陽神）、山には山の神、海には海神、川や沼、湖には水神、田んぼには田の神、稲の豊作を祈る稲作の神。家の中にも、かまどの神から便所神、納戸《なんど》神……と、たくさんの神さまがいると考えていましたし、イヌやネコ、キツネ、ヘビ、ウナギなどの動物にも神さまが宿っていると考えていたのです。

その神さまのなかには、福をもたらしてくれる神さまだけでなく、災いをもたらす神さまもいました。

福をもたらしてくれる神さまには、その恩恵に感謝し、災いをもたらす神さまに対しては、なるべく災いを少なくしてくれるようにお願いしていたのです。

日本をはじめ、中国やインド、東南アジアなど、温帯モンスーン地帯に住んでいる人たちにとって、自然は豊穣《ほうじょう》な恵みをもたらしてくれるものでした。

とくに日本は、四季の自然に恵まれて、その折々に農作物はもちろん、木の実やキノコなどの山菜から、動物、川魚、海の幸などを手にすることができました。ですから、日本人にとって自然は母のように子供を育《はぐく》んでくれる素晴らしい存在でした。そこに、神さまの存在を感じることは、当然のことだったのです。

中近東やアフリカ、北欧など厳しい自然と闘わなければ、みずからの存在すらおびやかされる民族とは、自然に対する考え方の基本から違っているのです。

そのため、日本人には人間が一番偉くて自然や動物は人間の僕《しもべ》、つまり征服されるものだという発想はありません。豊かな自然とともに生きていく、つまり共生という生き方が文字どおり自然だったのです。

自分たちを生かしてくれるあらゆるものに神さまを見いだし、神々の恵みに感謝しながら日々を過ごしてきたのです。

そこから、『古事記』や『日本書紀』にも出てくる八百万《やおよろず》の神さまが日本にはいるようになりました。

こうした土壌がありましたから、仏教という異教徒の神さまが入ってきても、キリスト教社会のように排除することなく、仏教のいろいろな仏さまも、それまでの神さまと同じように受け入れたのです。

したがって、神道や仏教が制度化され、広く一般の人たちの間に広まっても、さまざまな神さまに対する民俗信仰は根強く残っていきました。

ご利益についても、病気が治るとか、お金持ちになる、良縁に恵まれる、子宝が授かる、豊作、豊漁、家内安全、厄《やく》払い……など、現世利益が中心ですが、それでも日本の神さまはお願いする人をよく見ているようです。

つまり、まじめに一生懸命生きているのに貧乏だとか病気、不幸といった人たちには、やさしくご利益を与えてくれるのに対して、エゴをむきだしに自分さえよければという人、何の努力もしないで棚からぼた餅を期待する人には振り向いてくれません。

それどころか、かえって罰をあてたりします。そういう意味では、ひじょうに平等な神さまだといえるかもしれません。

江戸時代まで、日本人の多くは、「福の神を招くと、かならずあとから災いの神がついてくる」と考えていたといいます。

つまり、福の神が来たからといって、あまり欲張るとろくなことはないとわかっていたわけで、ほどほどにしておけば災いの神さまも、それほど悪いことはされないだろうというものです。

人間は一人では生きられません。自然にしても何にしても、自分たちを生かしてくれるものに対して、つねに感謝の心を忘れず、そして、自分が幸せになってもエゴをむきだしに、それを独り占めにすることなく、まわりの人たちにも分け与えていく。それが、つい最近までの日本人の生き方だったのです。

宗教に無節操といわれようと、自分を生かしてくれるすべてのものに「ありがたい」と感謝し、ご利益があっても、むさぼることなくほどほどに受け、それでも余れば周囲の人たちと分かち合う日本人の神さまに対する考え方がもっとも人間らしいのではないでしょうか。

感謝の心を忘れ、いいものは自分だけが独り占めするという風潮がはびこっている現代社会は、物質的には豊かになっても、人々の心はどんどんすさんでいくばかりです。

そこで、あらためて私たちのご先祖が敬《うやま》ってきた、いろいろな神さまを見直してもらいたいのです。もちろん、現世利益をお願いしてもいっこうにかまいません。

神さまに思いをはせることで、日本人が忘れてしまった大切な心を呼び戻してくれることができれば、それに過ぎることはありません。

宗教民俗研究所

「ニッポン神さま図鑑」＊目次

第1章◆イワシの頭も信心から——これでも神さま!?
ニッポンで生まれたヘンな神々

第2章◆転ばぬ先の杖——これも神さま！ ニッポン人に親しまれてきた神々

第3章◆寄らば大樹の蔭——これこそ神さま！ ニッポンを創った神さま、仏さま

第4章◆たかがお地蔵!? されどお地蔵さま

●本文イラスト――もりお勇

ご利益別神さまリスト

家内安全・厄除け

厄除け（市町村）

開運・招福

健康・延命長寿

五穀豊穣

豊漁

商売繁盛

蓄財

昇進・昇格

学力向上・合格、勝利祈願

安産

子育て

水子供養

病気平癒

病気に効く神さま※症状別

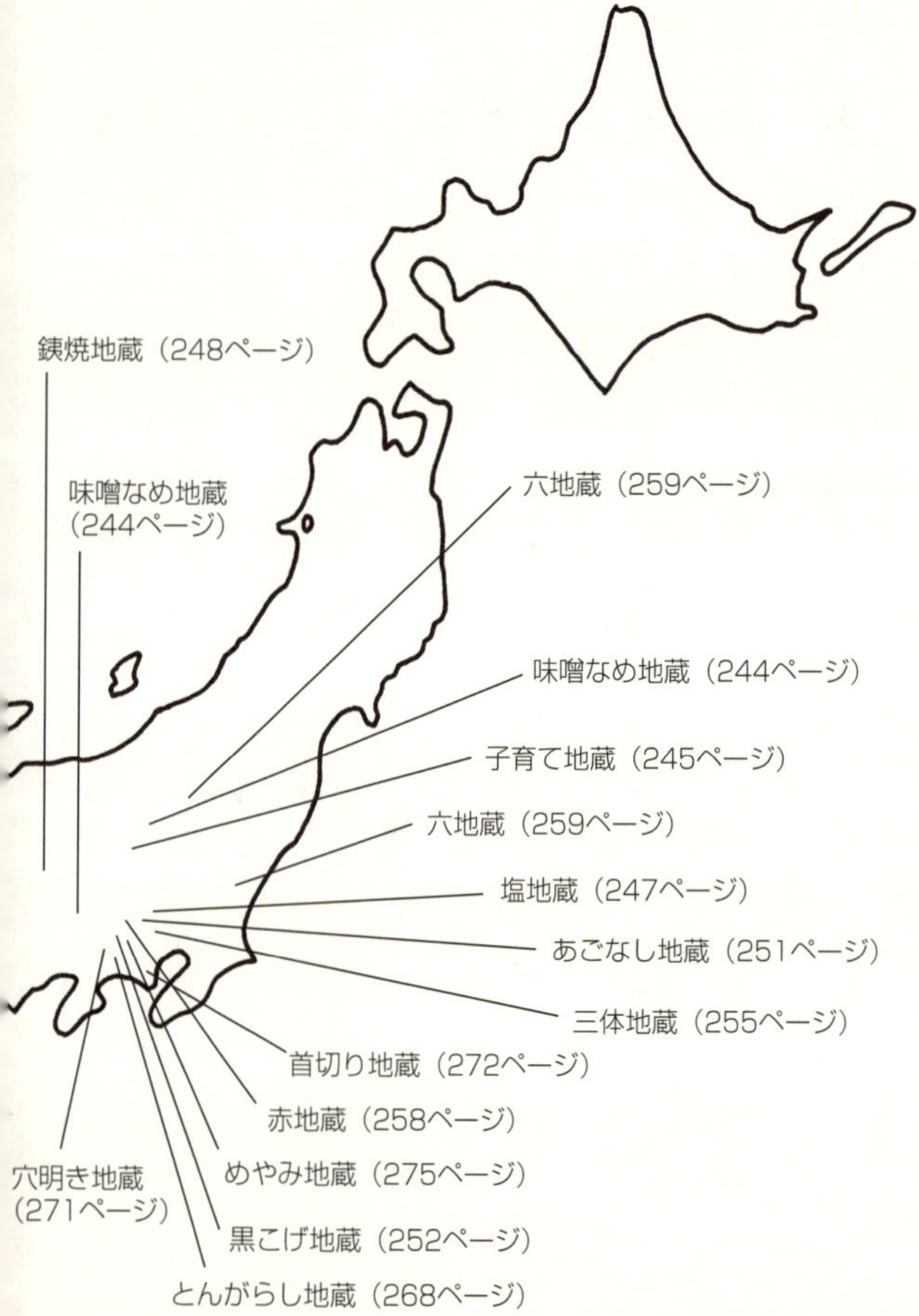
鋏焼地蔵（248ページ）
味噌なめ地蔵（244ページ）
六地蔵（259ページ）
味噌なめ地蔵（244ページ）
子育て地蔵（245ページ）
六地蔵（259ページ）
塩地蔵（247ページ）
あごなし地蔵（251ページ）
三体地蔵（255ページ）
首切り地蔵（272ページ）
赤地蔵（258ページ）
穴明き地蔵（271ページ）
めやみ地蔵（275ページ）
黒こげ地蔵（252ページ）
とんがらし地蔵（268ページ）

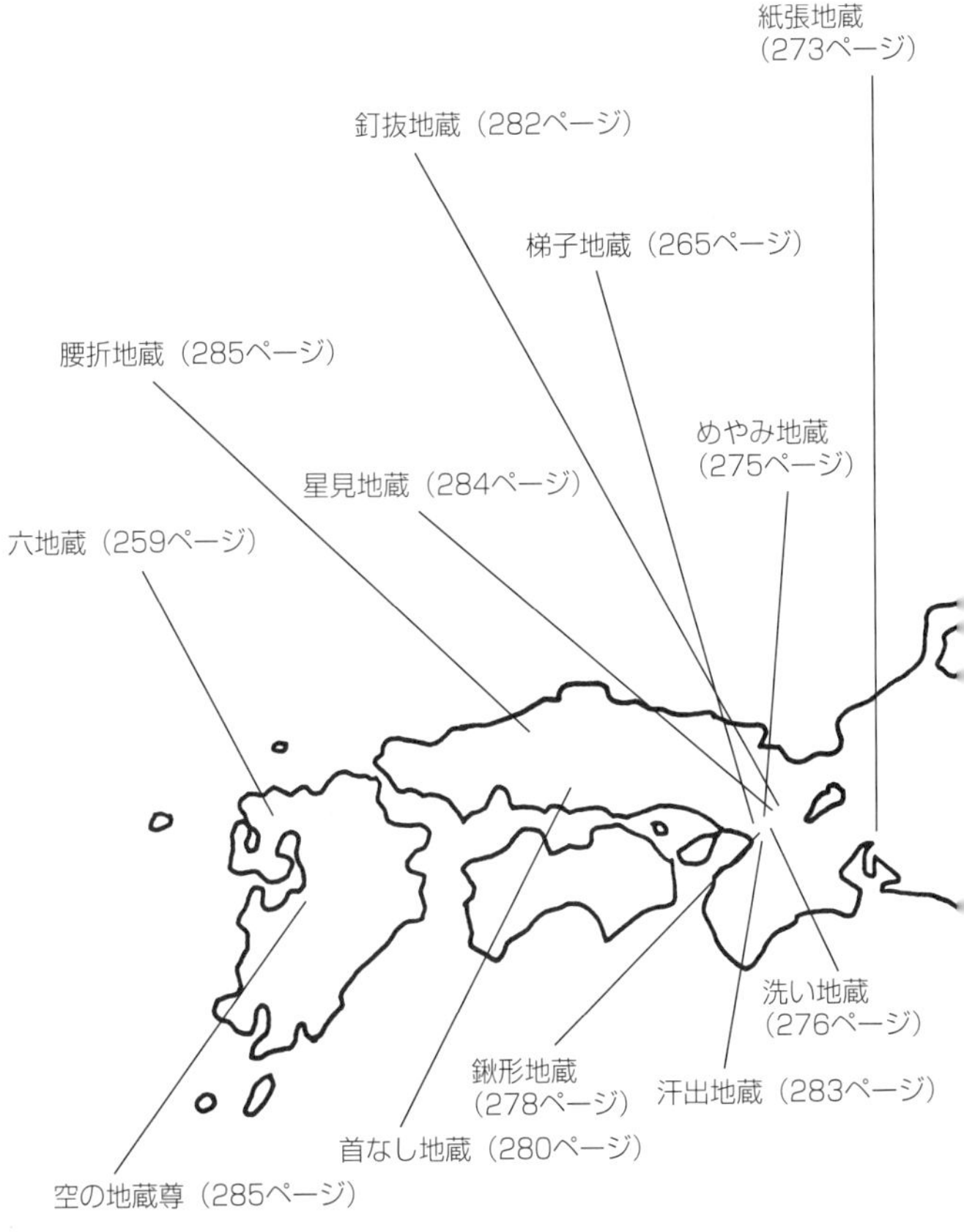
紙張地蔵
（273ページ）
釘抜地蔵（282ページ）
梯子地蔵（265ページ）
腰折地蔵（285ページ）
めやみ地蔵
（275ページ）
星見地蔵（284ページ）
六地蔵（259ページ）
洗い地蔵
（276ページ）
鍬形地蔵
（278ページ）
汗出地蔵（283ページ）
首なし地蔵（280ページ）
空の地蔵尊（285ページ）

◆第1章◆

イワシの頭も信心から——これでも神さま⁉

ニッポンで生まれたヘンな神々

イワシの頭《あたま》

「イワシの頭も信心から」とはよく言うが、
魔除けには一番ポピュラーな神さま

■焼いたイワシの悪臭が魔除《よ》けに効果あり

「イワシの頭も信心から」とはよく言います。何でもまずは信じてみればありがたみがわかるというようなときによく使われることわざですが、イワシは、昔から日本人になじみの深い魚でした。

しかも、漁獲量が多いことから、タイなど、お祝いのときに出される魚に比べて、卑《いや》しい魚とされてきました。つまり、イワシのようなつまらないものでも、信じる心さえあれば、たいへんにありがたく思えてくるという意味です。

このことわざは、節分の夜に、イワシの頭を焼いてヒイラギにさし、それを戸口にさすという風習からきていますが、これは「ヤイカガシ」と言われ、「追儺《ついな》」「鬼遣《おにやら》い」などといった、魔除《よ》け、厄《やく》除け策です。

節分に訪れる鬼が、ヒイラギのトゲで目をさし、焼いたイワシの強烈な悪臭で嫌がるとされ、古くから各地でおこなわれていました。現在でも、こうした風習が残って

イワシの頭

いる地域もあります。

また、イワシを食べると目が悪くなるとの迷信もあったので、鬼の目をくらますためにも、イワシが選ばれたのかもしれません。

ヒイラギのほかに、萱《かや》や大豆がら、竹などが用いられることもありますが、イワシの代わりに、臭気の強いものということで、ニンニクやネギ、ニラ、山椒《さんしょう》などを添えるところもあります。

悪臭をはなつことによって鬼（悪霊）を退散させようとしたわけですが、厄神《やくがみ》は、悪臭以外でも、とうがらしなどといった辛いもの、ハリセンボンなどのトゲのある魚やバラやタラの木など、触ると痛いものを嫌うとされています。

サワガニをハギなどにさしている地方もありますし、また、すったトロロのようにベタベタしてかゆくなるものも嫌うとされ、魔除けとして使われている地方もあるようです。

■〝つまらないもの〟ではないイワシ

逆に、「にらみイワシ」「すわりイワシ」といって、元旦の朝のご膳にイワシを一尾つける風習がありますが、こちらは、イワシを祝儀の肴《さかな》としています。

また最近では、イワシの脂質が、たいへんに良質で価値が高いと見直され、イワシだけを調理する店もできるほどですから、これからは、「イワシの頭も……」とは言えなくなるかもしれません。

お蛇苦《じゃく》さん

腫瘍やガン、精神病といった難病にご利益が。病の個所を井戸の水で洗うのが効果をもたらす

■本体は浄行《じょうぎょう》菩薩《ぼさつ》という仏さま

数多くの神社仏閣が集まる鎌倉《かまくら》でも、比較的小さな規模の妙本寺《みょうほんじ》には、蛇苦止堂《じゃくしどう》と呼ばれる祠《ほこら》があります。この祠は、鎌倉時代の比企《ひき》の乱の際に、祠の横にある池に身を投げて命を落としたという讃岐《さぬき》の局《つぼね》が祀《まつ》られています。讃岐の局は、そのときの怨《うら》みでヘビとなり、人にとり憑《つ》くようになったといわれています。

しかし、その後戦火を逃れるために日蓮《にちれん》上人直筆の本尊を井戸に納めたところ、井

戸から黒雲がたちのぼり、一匹のヘビが姿を現し、雨を降らせ、火を消したという言い伝えがあります。それ以来、ヘビが姿を現した井戸を「蛇形《じゃぎょう》の井戸」と呼び、ヘビによって戦火をまぬかれた本尊は〝蛇形の本尊〟と呼ぶようになったそうです。

本尊を守った功徳で、ヘビとなった讃岐の局の霊が成仏したことから、祠も蛇苦止堂と呼ばれるようになったわけです。現在この蛇苦止堂には「お蛇苦さん」と呼ばれる浄行菩薩《じょうぎょうぼさつ》が祀られ、火を消した力にあやかってか、腫瘍《しゅよう》やガン、精神病などといった難病にご利益があるといわれています。お蛇苦さんに参るときは、自分が患《わずら》っているのと同じ個所を井戸の水で洗うといいそうです。

かまどの神《かみ》さま

火の神、田の神とも呼ばれ、
子供を守り、牛馬を育てる一家の守護神

■祟《たた》ると怖《こわ》いかまど神

かまど神は、火の神であると同時に農作の神でもあります。さらに、台所から子供

かまどの神さま

を見守り、牛馬を育てるなど、一家の生活にかかわるすべてにその力がおよぶと考えられ、家の守護神として信仰されています。

しかし、「荒神《こうじん》さん（民俗信仰の神。かまどの神さまもそのひとつ）を粗末にすると罰があたる」とか「かまどに乗ると荒神さんが怒る」などという言い伝えもあり、粗末にすると祟られてしまう恐れがある性格の激しい神さまです。

その形態はじつにさまざまで、一般的にはかまどや炉の側に神棚をもうけ、幣束《へいそく》や神札を祀《まつ》りますが、東北地方では「カマ男」「カマジン」と呼ばれる木や土でつくられた醜い顔のお面を、かまどの側の柱にかけています。

関東や東北では「オカマサマ」と呼びますが、中国地方では「土公神《どこうじん》」と呼び、春はかまど、夏は門、秋は井戸、冬は庭にと、季節によって移動すると伝えられています。信越地方では「竈神《かまがみ》」と書き、木製の二体の人形を祀り、薩摩地方では、人の形をした神の御幣《ごへい》を火の神として祀ります。

また、基本的にかまど神は「三宝荒神《さんぼうこうじん》」と考えられ、信者を助けて悪人を罰する神です。三宝荒神とは、如来荒神、鹿乱《からん》荒神、忿怒《ふんぬ》荒神の三身《さんじん》のことで、修験者《しゅげんじゃ》や日蓮宗の信徒の間では、仏、法、僧の三つを宝として守り、清浄を尊び、不浄を排する神ということから、火の神につながったと考えられています。

便所神《べんじょがみ》

昔から全国各地にある信仰で、安産や生まれた子供の健やかな成長に効験がある

■地方によって祀《まつ》り方はさまざま

水の神や火の神、かまどの神（30ページ参照）など、日本の家の中にはたくさんの神さまがいますが、便所神の信仰も古くからあるそうです。

便所神はセンチ神、厠《かわや》神などとも呼ばれていますが、その祀り方は地方によってさまざまです。

神社やお寺から便所神の幣束《へいそく》をもらってきたり、便所に棚をもうけて水や花とともに鶏を描いた絵馬をお供えしたり、紙の女の人形やワラ人形をお供えする、御神体などを置かずに線香立てを置いたり、便所を新設するときに魔除けと称して、紙製の夫婦一対の人形を便壺の下に埋めたりします。

便所神の祀り方はさまざまですが、そのご利益はほとんど共通しています。それは、子授けと安産、生まれた子供の健《すこ》やかな成長です。妊婦が便所神にお参りし、便所をいつもきれいに掃除していると美しい子供が生まれるといわれており、汚いところに祀られながら美しい子を授けるので、便所の神さまは盲目だという言い伝えもあります。

便所の神さまとして、とくに有名なのが『伊豆の踊子』で知られる伊豆《いず》・湯ケ島《ゆがしま》温泉の手前にある明徳《みょうとく》寺というお寺です。

ここは安産、子授けのほかにも、下の病、つまり性病や婦人病にも霊験があるということで、最近では観光名所ともなっています。

便所神

おびんずるさん

体の具合の悪い個所と同じところをなでると病気が治る現世利益の仏さま

■長野・善光寺《ぜんこうじ》のおびんずるさんが有名

日本各地の神社仏閣には、なでると病気が治るといわれている仏さまや地蔵の木像や石像などがたくさん祀《まつ》られています。

なかには、仏さまや地蔵の形をしていない石だけというものもあるようですが、とくに自分の体の悪いところ、たとえばリューマチで足の痛みに悩んでいれば、足をなでると病気が治るというものです。

病気ではないという人も、もっとよくしたいとか丈夫にしたいというところをなでれば願いがかなうとされています。

こうした病気平癒《へいゆ》の霊験あらたかな仏さまの代表が、長野市の善光寺《ぜんこうじ》に祀られている「おびんずるさん」といわれる仏さまです。

信濃の善光寺の歴史は古く、奈良時代の創建といわれています。本尊は阿弥陀《あみだ》如来（203ページ参照）ですが、古くから特定の宗派にかかわりなく、すべての人を極楽往

おびんずるさん

生させてくれるということから、善光寺信仰は民衆の間に広がり、一生に一度は善光寺にお参りしなければというわけで、「牛に引かれて善光寺参り」という有名なことわざも生まれたほどです。

そうした善光寺信仰は現代でも生きており、いまでも毎日のように大勢の参詣者や観光客が訪れ、たいへんなにぎわいをみせています。

「おびんずるさん」とは、賓頭盧《びんずる》尊者のことで、お釈迦さま（191ページ参照）の弟子の十六羅漢《らかん》の一人です。獅子吼《ししく》第一といわれるほど人々を教化し説得する力が抜群だったといわれていますが、後世になって仏の教えを受けて末世の人に福を授ける役目の人ととらえられるようになり、日本では賓頭盧尊者の像をなでると病気が治る「なで仏」としての信仰が広がりました。

病気の人は、まず自分の悪いところと同じ場所をなでてから、その同じ手で自分の悪いところをなでると病気が治るといわれています。

賓頭盧尊者の木像は、ふつうのお寺では食堂や廊下の隅などに、わりと無造作に置かれているそうですが、善光寺では本堂の一番目立つところに安置されています。

それだけ「おびんずるさん」の人気があるわけで、毎日たくさんの人になでられているため、全身はツルツルになり、顔などは目や鼻がすっかりなくなってしまっています。

とくに、目や腹、膝《ひざ》の減り具合が顕著で、これは、眼病や胃腸病、リューマチで悩んでいる人が多いことを示しているのかもしれません。

さらに善光寺には、本堂のほかに本坊の庭にも「おびんずるさん」が置かれています。両方の「おびんずるさん」をなでれば病気平癒《へいゆ》の効果は倍増するかどうかはさだかではありませんが、しょっちゅう参詣できない人は、せっかくの機会ですから、どちらもなでてくれればいいでしょう。

笹神《ささがみ》さま

もともとは疫病神や貧乏神。
災厄を避けるために祀るヘンな神さま

■一つ目小僧や大入道だったりする地方も

笹神さまには、さまざまな言い伝えがありますが、本来は、災厄《さいやく》をもたらす神として家の中に入れないようにするために、仕方なく庭にお供えものをするようになったといいます。そのうちに、神さまとして祀《まつ》られるようになっていったのですが、厄神《やくがみ》であることには変わりはありません。ですから、神饌《しんせん》を供えるといっても、ご飯ではなく、うどんやそばなどといった、どちらかというと高価ではないものが多かったようです。

笹神さまが現れる日には、門や玄関、庭先に、笹竹を三本束《たば》ねて立てたり、笹でつくられた目カゴを立てることから、その名がついたといわれていますが、目カゴを立てるのは、目の多いもので笹神さまを退散させようとするわけです。笹神さまは、一つ目小僧であったり、一つ目の大入道であったり、また、疫病《やくびょう》神や貧乏神そのものとしているところもあります。

しかし茨城県では、笹神さまは神さまといえども貧乏神なので、暮れには借金取りに追われて裏庭に逃げ隠れるため家の裏に祀り、年が明けると大威張《いば》りで正面から出ていくため、門や前庭に祀るそうです。

かなまらさま

男根を祀った性の神さま。
「せざる」「させざる」で性病予防も

良縁や子授けにもご利益

「かなまらさま」とは、金山《かなやま》神社（神奈川県川崎市《かわさき》）の通称で、規模こそ大きくはありませんが、祠《ほこら》には、男根をかたどった大小の木や石像が供えられていることでよく知られています。

金山神社の本尊は、カナヤマヒコノカミとヒメノカミです。火の神を産んだ伊弉《いざ》冉尊《なみのみこと》が、出産の際にミホト（陰部）に火傷を負ってしまったため、その看護をしたのが、カナヤマヒコノカミとヒメノカミだと伝えられ、金属の神さまとして、京浜《けいひん》工業地帯で深く信仰されてきました。

その神話から、とくに淋病や梅毒、また最近ではエイズといった病気防止のご利益もあるとされ、海外からも注目を集めているともいわれています。

また、「かなまらさま」の象徴は、男根だけではありません。金山神社では、最近では、五匹の猿が描かれた「護猿《ござる》」の絵馬にも人気が集まり、良縁や子授け、エイズ防止の祈願が書かれて掛けられています。

「見ざる、聞かざる、言わざる」の三猿はよく知られたところでしょうが、これに、性器を手でおおい隠している猿、「せざる」「させざる」の二匹が加わっているのです。

また、未婚の女性が巫女《みこ》の衣装《いしょう》を身にまとい、良縁を願って、木彫りの男根を抱きかかえて祭礼に従うという行事もあります。

間々《まま》観音《かんのん》

乳の像をこすれば乳がたっぷり出る。

乳授けから子授け、水子供養までご利益が

■立体的な胸のついた絵馬も

「かなまらさま」（41ページ参照）は男根をかたどった神さまでしたが、「間々観音」は、女性の乳をかたどった神さまです。

間々観音は、愛知県小牧《こまき》市の龍音寺《りゅうおんじ》に祀《まつ》られていますが、千手《せんじゅ》観音（218ページ参照）を祀ったお堂の階段をのぼると、正面に豊満な乳をかたどった大きな石像があり、

かなまらさま

参拝者は、だれもが乳の石像をタワシでこすってから正座をし、合掌《がっしょう》します。

このとき女性は、自分の悪い個所と同じ個所をこするとご利益があるとか、産婦がこすれば乳の出がよくなるともいわれています。

ところで拝殿のまわりには、立体的な胸のついた絵馬が、幾重にも所狭しと奉納されていますが、これなどは、ほかのお寺では見られない光景といえます。

しかも、お寺には、古くは天保時代（一八三〇～四四）の絵馬も残されており、その絵馬も立体の乳型がついているというのですから、今日まで間々観音への信仰が深められてきたのも、そのご利益への信頼の高さからだとうかがうことができます。

お寺では、乳授けの祈願をしに来た女性には、おかゆにして三日間食べると母乳が出てくるという御洗米《ごせんまい》が分けられます。また、安産や子授け、水子供養にもご利益があるといわれているので、全国各地から参拝に訪れる女性が少なくないようです。

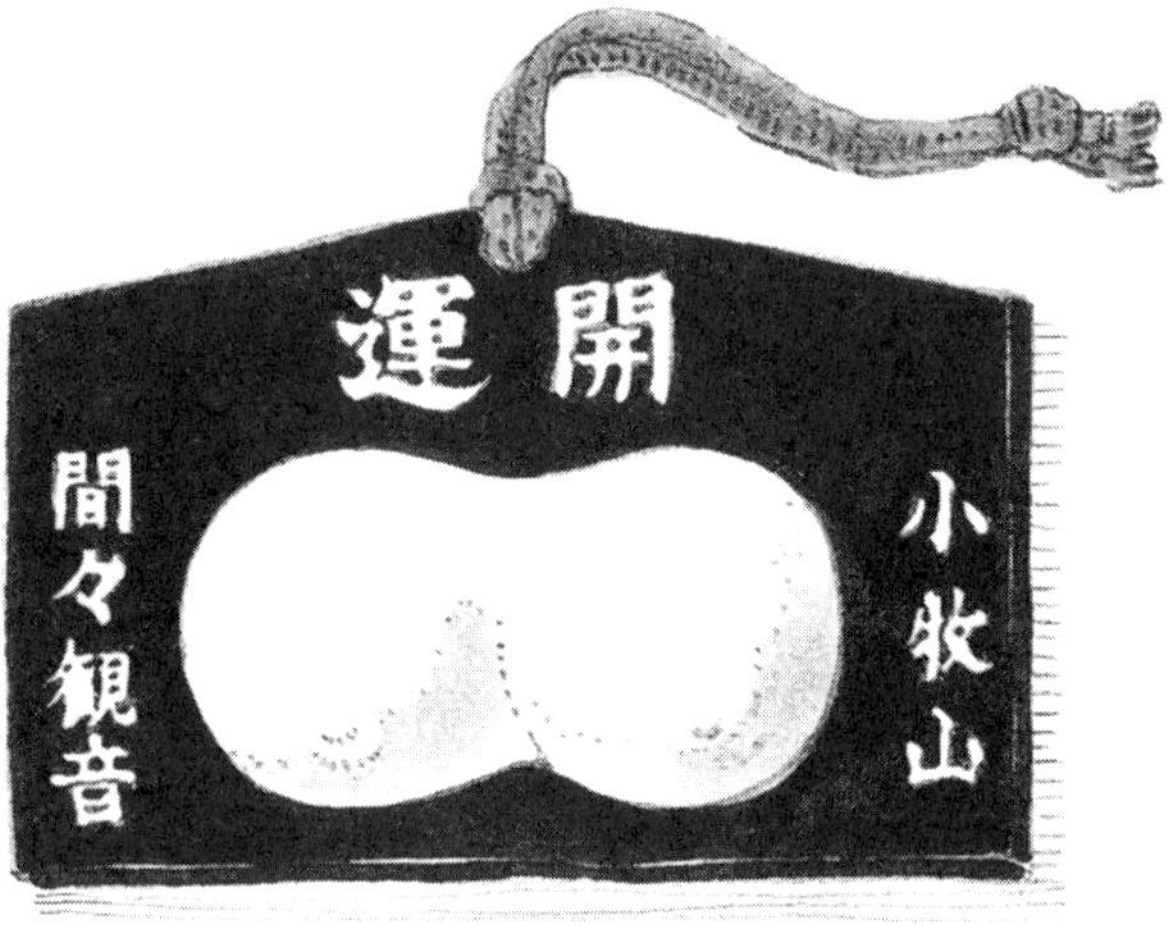

間々観音

だきつき観音《かんのん》

病気平癒、健康長寿、二世安楽、婦人良縁、安産、厄除開運、家内安全

■本尊にではなく柱に抱きつく

「だきつき観音」といっても、本尊の観音さま（210ページ参照）に直接抱きつくわけではありません。たいていは、本尊の横に太い柱が立てられていて、お参りに来た人たちは、その柱に抱きつくというものです。

こうしたお寺も、長野・善光寺の「おびんずるさん」（36ページ参照）のように、昔は本尊の観音さまをなでさせていたようですが、いつの頃からか本尊をなでる代わりに、横に柱を立て、そこに抱きつくようになったといわれています。

病気平癒《へいゆ》、健康長寿、厄除《やくよけ》開運、家内安全、婦人良縁、安産にご利益があるとされ、だきつき柱に抱きついて、各自の願いを念ずればかなえられるとされています。

それ以外にも、だきつき柱に抱きつくと死ぬときに苦しまずに安楽往生《あんらくおうじょう》することができるという信仰があり、かつては近在のお年寄りたちが競って訪れたといわれ、安楽往生を願うところから「ころり観音」とも呼ばれています。とくに弘安寺《こうあん》の「中

田観音」、恵隆《えりゅう》寺の「立木《たちき》観音」、如法《にょほう》寺の「鳥追《とりおい》観音」は会津《あいづ》ころり三観音ともいわれ、「だきつき観音」の名所として知られています。

みみだれ観音《かんのん》

耳に関するすべての病気を治してくれる

■観音さまの一種の馬頭観音

観音さま（210ページ参照）とひとくちに言っても、日本中には○○観音と名づけられたたくさんの観音さまがあります。観音さまには、あらゆる苦悩を救う力があり、衆生救済のために三十三の化身《けしん》を現じて法を説くといわれています。簡単にいえば、民衆を救うためにいろいろな姿に変身して現れるということです。ですから、よくご存じの馬の守護神である馬頭観音（220ページ参照）も姿を変えた観音さまなのですが、耳の病を治してくれる「みみだれ観音」という馬頭観音もあるのです。

埼玉県蓮田《はすだ》市の妙楽《みょうらく》寺という古いお寺の観音堂に安置されている馬頭観音がそれ

で、徳川《とくがわ》時代の初期から「みみだれ観音」として知られ、江戸からもたくさんの参詣者が訪れたといわれています。耳の病気を治したい人は、観音さまの前にお供えしてあるお酒の入った竹筒を一本借りて家に持ち帰り、紙をこよりにしたものや紐《ひも》などを竹筒の中のお酒にひたして、それを耳の悪いところにつけると治るといわれています。観音さまに治った人は、お酒の入った竹筒を二本にして奉納するのが習わしだそうです。観音さまのほかに「みみだれ地蔵」というお地蔵さんも全国にあり、同様にお酒を入れた竹筒が奉納されています。

鷽《うそ》

ウソや不幸をマコトや幸運に替える鳥。
鷽は一年の無事を保証してくれる

■〝ウソから出た幸運〟を祈願

学問の神さまとして知られる天神さま（183ページ参照）を祀《まつ》る太宰府天満宮《だざいふてんまんぐう》（福岡県）では、毎年一月七日に「鷽替《うそか》え神事」がおこなわれます。

鷽

これは、参拝者が暗がりのなかで、「替えましょ、替えましょ」と声をかけあいながら、一年間家に祀っていた鷽の置き物を近くにいる人と交換しあいます。

一年の間にあったウソをまことに替えるという開運祈願の行事なわけですが、なかでも神社から出された金の鷽を手にした人は神社から祝福を受け、その年は家運隆盛になる吉兆を得るといわれています。

〝ウソから出たマコト〟ならず、〝鷽から出た幸運〟というわけです。

現在は、亀戸《かめいど》天満宮（東京）でも、この鷽替えの行事がおこなわれていますが、全国各地の天満宮では、実際に参拝者同士が交換するといったことをおこなう神社は少なく、鷽だけが配布されているようです。

もちろん、鷽が神さまというわけではないのですが、一年間の不幸を背負ってどこかへ飛んでいってもらいたいという願いや、福を招き入れたいという思いでおこなわれるこの鷽替え神事には、やはり神の力を信じる信仰心がうかがえます。

ちなみに鷽は小さな漂鳥《ひょうちょう》で、夏の繁殖期には針葉樹林に住んでいますが、冬には低山や丘陵に降りてくるので、バードウォッチングで目にすることもできます。

ウンナン神《がみ》

水辺を守り、五穀豊穣をもたらす。
夫婦円満のご利益が

■ウンナンとは、使い神のウナギのこと

ウンナンと言っても、コメディアンのウッチャンナンチャンのことではなく、これも古くから伝わる神さまです。雲南、運南、宇南などといった漢字をあてている地方もあり、「ウナン」と呼ぶところもあります。

ウンナン神は、虚空蔵菩薩《こくうぞう》の使い神であるウナギのことで、田の神（112ページ参照）や雷神（107ページ参照）、また水辺を守る水の神などと同様のご利益があり、東北を中心に広く信仰されています。とくに宮城県や岩手県の神社では、湧水池や川などの流れの近くや落雷の跡地などに祀《まつ》られています。

また、ウンナン神を信仰する者はウナギを食べてはいけないという言い伝えもあります。これは、もともとウナギが先祖崇拝《すうはい》と結びついて神聖視され、僧の生まれ変わりであるウナギがものを言うという話や、片目のウナギの話などの伝説が多く残されているからでしょう。

宮城県のある町では、その町の神社を「ウンナンサマ」と呼び、町の人たちはみなウナギを食べなかったといいます。また、ウナギの形から生殖器崇拝と結びつき、夫婦円満のご利益もあるとされています。

イッケ氏神《うじがみ》

家族や親族の健康を守る神さま

■一族でお祀《まつ》りし、祭祀《さいし》もとりおこなう

氏神といっても、藤原《ふじわら》氏の春日《かすが》神社や橘《たちばな》氏の梅宮《うめのみや》大社、秦《はた》氏の稲荷《いなり》神社などといった大社や名社といわれる有名神社に祀《まつ》られた氏神から、個人の屋敷内の祠《ほこら》に祀られた氏神にいたるまで、その対象や内容は、じつにさまざまです。

柳田国男《やなぎたくにお》によれば、氏神は、一門氏神、村氏神、屋敷氏神の三種類に分類されますが、ここで紹介するイッケ氏神は、一門氏神にあたります。〝イッケ〟のほかにも〝マキ〟〝カブ〟〝ジルイ〟などと呼ぶところもありますが、いずれにしても、同族や

一族を構成する集団によって祀られ、親類一族の健康と無事を祈る神さまです。氏は、本家や分家といった系譜《けいふ》に対する意識を重要視する集団で、祭祀の中心を常に本家が持ち、一族で祝いを催します。長野県では、同姓十七軒で祝殿を祀り、毎年四月三日にお祭りをしているところもあります。

親類一族で、族神として信仰対象となっているのは、関東地方ならお稲荷さま（75ページ参照）が多く、東海、中部地方なら地の神さま、中国地方なら荒神《こうじん》（32ページ参照）、山陰地方なら森の神さま、北九州ならヤブサ神、国東《くにさき》半島なら小一郎神《こいちろうがみ》（126ページ参照）、南九州ならウッガン（内神）といった例が多いようです。

オシラさま

災難を予告したり、
疫病、害毒から一家を守る神さま

■東北地方で信仰される家の守り神

「オシラさま」は、青森や岩手、宮城県北部など、東北地方を中心に広く信仰されている家の守り神です。福島では「オシンメイさま」、岩手、山形では「オクナイさま」と呼ばれ、また「オシトケ」とも呼ぶ地域があるなど、呼び方はさまざまですが、その多くは、桑の木に、男女や馬の顔を彫刻した長さ三〇センチぐらいのものに、オセンダクといわれる布を、幾重にも巻きつけた人形です。

オシラさまはその家にふりかかる災難を予告したり、疫病《えきびょう》や害毒などから一家全体を守ると信じられています。オシラさまを祀《まつ》るのは、一家のなかでも女性の役目で、ふだんは、神棚の祠《ほこら》に納めておきますが、春秋の祭日には出し、神饌《しんせん》を供え、オシラさまを宙に舞わせるオシラアソバセをするのが習わしとなっています。

■カイコを守る蚕神としてのご利益も

オシラさまの名の由来は、おひなさまからとも、カイコの白子からくるともいわれていますが、蚕神とは、カイコの守り神で、田の神（112ページ参照）が稲作農家を水害や冷害などといった災害から守るのと同様に、養蚕《ようさん》農家がカイコやクワを害虫などによって食い荒らされてしまわないように祈願する神さまです。

蚕神の発祥は、茨城県の蚕影《こかげ》神社に祀られている蚕影明神だといわれていますが、

オシラさま

養蚕地帯では、お稲荷さま（75ページ参照）や庚申《こうしん》さま（122ページ参照）など、あらゆる神さまが、蚕神として信仰されていました。カイコがネズミに食われないようにと、ヘビを祀って拝むところもあり、ゴゼ唄をカイコに聞かせるとよく育つといった言い伝えも養蚕農家の間ではよく知られています。

おんめさま

お産の際は母子の健康を守り、
産後は子供の健やかな成長にもご利益

■小児科医院まで用意され、いたれりつくせり

神奈川県鎌倉《かまくら》市にある大巧寺《だいぎょう》（日蓮宗）は、安産祈願の寺として長い間親しまれてきています。ここには、通称「おんめさま」と呼ばれる〝産神《うぶがみ》〟である母子像が祀《まつ》られています。産神とは、安産や、子授け、出産の際に産婦と子供を守るなど、出産にかかわるご利益のある神さまのことで、全国各地に多く祀られている神さまといえます。

蚕神

おんめさまが祀られた背景には、こんな言い伝えがあります。五百年ほど前に、寺の五世にあたる日蓮上人が滑川《なめり》のほとりで難産で苦しんで命を落とした女性の霊に出会い、法力でその霊を成仏させ、その女性を安産の守り神として祀ったと伝えられています。

大巧寺は、小規模のお寺ですが、妊娠中の女性や子供のいる女性に人気が高いようです。

人気の秘密は、ご利益が確かにあるということが言い伝えられてきているからでしょうが、境内では、安産腹帯授与所がもうけられ、安産の腹帯やお守りがいただけ、さらに、小児科医院を兼業していることも、参詣者の信頼を集めている理由かもしれません。

撫牛《なでうし》

病気を治したいと思ったら、
牛の同じ個所をなでてみる

■患《わずら》っている個所をなでるとご利益が

おびんずるさん（36ページ参照）やなでぼとけ（東京・浅草不動堂）のように、病に冒《おか》されている部分と同じ場所をなでたりさすったりするとご利益があるとされている仏像やお地蔵さんが全国各地に数多くありますが、なでてご利益があるのは仏像だけではありません。

東京・墨田《すみだ》区の牛島《うしじま》神社には、社殿の左右に、狛犬《こまいぬ》ならぬ石の撫牛《なでうし》が一対祀《まつ》られていますが、この撫牛も、病気があれば、牛の同じ部分をなでると治るといわれていま す。さらに、体の病気を治すだけでなく、心の病気も治してくれるといわれ、心身ともにご利益がある撫牛として知られています。

岩手県の千手院《せんじゅいん》にある撫べこは、布団の上に横たわっていますが、病気除けや子育て、交通安全にご利益があるといわれています。どちらの撫牛も、参拝者によくなでられたようで、全身がツルツルとしています。

牛は、昔から農家にとっては命綱といえる大切な家畜でした。そのため、村や部落ごとに塚や祠《ほこら》を設けて牛神を祀り、牛の無病息災を祈願するために、そこに参るときには、牛も一緒に連れて行くという風習がありました。

ところで撫牛ならぬ、撫虎もあります。岩手県にある「寅の薬師」といわれる薬師神社には、虎の置き物が古くから祀られています。こちらも、自分が患《わずら》っている部分と同じ虎の場所をなでると治るといわれ、広く信仰されているようです。

咳《せき》の爺婆《じじばば》

仲良く並んだ爺婆の石像で、
咳が止まり、口内の病気も治るとか

■一時期は別々に祀《まつ》られていた

東京・浅草《あさくさ》にある弘福寺《こうふくじ》には、七福神のなかでも布袋《ほてい》さま（150ページ参照）が祀《まつ》られていることで知られていますが、翁媼尊《おうおう》というお堂に祀られている石像も、布袋さまと同様、ご利益が高いことで広く信仰を集めています。それは、爺と婆の神さまが

撫牛

二体並んで祀られているのですが、風邪除けの神さまといわれ、とくに婆神さまのほうは咳を止め、爺神さまのほうは、口内炎や扁桃腺《へんとうせん》炎などといった、口の中の病を取り除くといわれているのです。

この爺婆の石像は、その昔、寛永年間（一六二四～一六四四）に風外《ふうがい》禅師といわれる僧が、両親に親孝行できなかったことを悔やみ、修行していた相州《そうしゅう》（神奈川県）真鶴《まなづる》で石像を彫って祀り、それから朝に晩に供養したといいます。

禅師が亡くなってからも、石像は小田原《おだわら》を経由して江戸に運ばれ、さまざまな書物にも登場するなど、庶民の間で有名になっていきました。禅師の親孝行の心が、石像に命を吹き込んだのか、口中の病のある者が爺に祈願し、咳の止まらない者が婆に祈願したところ、不思議と全快したという話が伝わり、咳の爺婆と言われるようになったというのです。

しかし、一時期は爺と婆の仲が悪いとかで別々のところに祀られたこともあったそうですが、効き目のほうは今も衰えていないようで、多くの参拝者が訪れて、そのご利益を受けているといいます。

咳の爺婆

奪衣婆尊《だつえばそん》

咳止め、疫病除け——とくに子供の咳止めには効き目があるといわれる

■三途《さんず》の川で亡者の着物をはぎとる婆が……

奪衣婆《だつえば》とは、脱衣婆とも書き、奪衣鬼、三途の川の婆ともいいます。冥土《めいど》に行く途中にある三途の川のほとりの衣領樹《えりょうじゅ》という木の下にいて、亡者（とくに生前、罪を犯した者）の着物を奪い取って、樹上にいる懸衣翁《けんえおう》という鬼の老人に渡すといわれる鬼の老女のことです。

鬼子母神《きしもじん》（227ページ参照）も、もとは幼児を食べる悪女だったのですが、お釈迦さま（191ページ参照）に自分の末子を隠されて親の心を知り、仏教に帰依《きえ》して安産や育児の神さまとなりました。

奪衣婆尊を安置しているお寺では、東京・新宿《しんじゅく》区の正受院《しょうじゅいん》と、同じく東京・世田谷《せたがや》区の宗円寺が有名です。

とくに正受院の奪衣婆尊は、平安時代の有名な歌人・小野篁《おののたかむら》の作ともいわれる由緒ある木像で、新宿区の有形民俗文化財に指定されています。

天保年間（一八三〇～一八四四）の記録によると、お百度箱にはお賽銭《さいせん》が山のようにつまれ、参詣者の供える線香の煙が新宿から四谷見附《よつやみつけ》のほうまで匂ったと伝えられています。この正受院の奪衣婆尊は咳が治ると必ず綿を奉納し、像に綿をかぶせるので「綿のおばあさん」とも呼ばれています。

手長《てなが》さま

仕事をより多くこなし、
今まで以上の収入を得たい人にぴったり

■手長さまと足長さまとは夫婦神

「手長さま」は、文字どおり、手がきわめて長い神さまのことで、長い手によってより多くの収穫が得られたり、より多くの仕事をこなすことができるというご利益があります。手長さまは、テナツチノミコトといって、アシナツチ（足長さま）と夫婦の神ですが、一般には、二神の子供であるクシナダヒメのほうが有名でしょう。

この手長さまが祀《まつ》られているのは、長野県諏訪《すわ》市にある手長《てなが》神社ですが、そこから数キロしか離れていない東側の山の中には、夫とされる足長さまの祀られた足長神社《あしなが》があります。

日本には、手長さまだけでなく、足長さまの伝説も多く残っています。手長さまはたいへんに手が長く、飛んでいる鳥をつかむことができたり、弓を引いてもどんな遠くの獲物も的中させることができたといいます。また足長さまは足がとてつもなく長く、諏訪湖に入っても水がスネまでしかつからず、その足の長さから、誰よりも速く走ることができるというのです。この二神は、諏訪明神の家来で、二人で力を出し合って主神の手足となって働き、諏訪を開拓していったといわれています。

足《あし》の神《かみ》さま

リューマチ、脚気、手足のマヒなど
手足の病気を治してくれる神さま

■草鞋《わらじ》を奉納してお祈りするのが一般的な風習

子《ね》の権現（182ページ参照）は足腰の病気を治してくれる神さまですが、○○権現、

□□観音のような決まった名前はつけられていなくても、手足（とくに足）のケガや病気を治してくれる神さまは全国各地にあります。なぜかというと、昔からお百姓さんは、手足の病気に悩まされてきたからです。

　昔のお百姓さんは過酷《かこく》な労働に加えて、栄養状態もあまりよくありませんでしたから、神経痛やリューマチ、脚気《かっけ》などになる人が多かったのです。そして、年をとると今度は脳卒中で手足がマヒするということも少なくありません。働けなくなることは死をも意味していた時代ですから、手足の神さまが信仰されたのでしょう。

　福岡県の太宰府天満宮の近くにある「たろしゃくさま」と呼ばれる太郎左近社、同じく福岡県博多《はかた》の筥崎宮《はこざきぐう》の末社である「池島さま」、熊本市の足手《あしで》荒神、秋田県角館《かくのだて》町の「足王さん」、大阪府豊中《とよなか》市の服部《はっとり》天神宮などがあります。願いをかける人は、自分の手足をかたどった木型や草鞋を奉納してお祈りするのが、一般的な風習となっているようです。

◆第2章◆

転ばぬ先の杖

——これも神さま！

ニッポン人に親しまれてきた神々

招《まね》き猫《ねこ》

商売繁盛、開運出世、厄除け、縁結び、受験合格

■店先でお客さんを手招きする

いまは昔ほど見かけなくなりましたが、それでも居酒屋や小料理屋、そば屋、銭湯、駄菓子屋など客商売をしているところでは、招き猫が店先や店の中の棚などにチョコンと座って、お客さんを手招きしています。

お多福、福助と並んで商売繁盛の神さまとされてきた招き猫ですが、なぜネコなのでしょうか。

ネコはイヌとともに、昔から人間にもっとも近い動物でした。ネコはイヌに比べて不思議な行動をすることが多く、その習性の不気味さから魔物と考えられてきました。

たとえば、尻尾が二股に分かれるまで年老いたネコは、神通力があるとして猫又といって恐れられました。また、行灯《あんどん》の油をなめる化け猫の話もよく知られています。

そのほかにも、ネコを殺すと七代祟《たた》られるといわれたり、黒ネコが前をよぎると不吉な前兆だなどともいわれています。

招き猫

こうしたネコの不思議な霊力は、恐ろしいものとされる一方、未来を予知するものとして尊ばれました。漁師などは、天気を予知するとして雄の三毛猫を珍重していました。

福を呼ぶとされる招き猫は、だいたい二種類のポーズをしています。一つは、左手をあげて右手に小判をもっているものですが、これが一番多いパターンです。もう一つは、右手をあげて、左手には何ももっていないものです。

いずれにしても、手をあげているわけですが、これは中国で昔からいわれてきた、猫が耳のうしろまで顔を洗うと客が来るという俗信に由来しているそうです。

日本でも福を呼ぶ招き猫の言い伝えはたくさんあります。有名なのは、東京・世田谷区豪徳寺《ごうとくじ》の招き猫です。あるとき、彦根《ひこね》藩主・井伊直孝《いいなおたか》が狩りに出かけた帰り道、突然の豪雨にあい困っていました。そのとき、近くの荒れ寺から一匹のネコが出てきて、直孝を手招きします。その招きに従って、荒れ寺で雨宿りすることができました。それが機縁で、豪徳寺が井伊家の菩提寺になって以来、貧乏だったお寺が繁盛したというものです。

このネコの墓は現在でも豪徳寺にあり、右手をあげた招き猫が奉納されています。

もう一つは「小判猫」という話です。江戸に伊乃助という魚屋がいましたが、病気になってしまい、明日の米にも事欠くという状況になってしまいました。すると、いつも可愛がっていたネコが小判をくわえて現れました。

じつは、このネコ、両替商に飼われていたのですが、二度目に小判を盗み出そうとしたところを主人に見つかり殺されてしまいます。しかし、伊乃助の話を聞いて驚いた主人は、両国《りょうごく》の回向院《えこういん》に手厚く葬ったといいます。

この小判猫の話が評判となり、左手をあげ、右手に小判を抱えた招き猫がつくられるようになったといわれています。

柴神《しばしん》

道を守り、邪気を払う神さま

■旅行者や通行人の安全を見守る

柴神は、もともと不慮の死者の霊を祀《まつ》ったものだという言い伝えがありますが、道を守ると同時に、不慮の事故などで命を落とした人たちが悪霊となって、この世の人間にとり憑《つ》くのを防ぐ力を持っています。

柴神には通常、柴を供えますが、長崎県には、手足が軽くなるようにという願いを込めて、通るときに石を一つ積んでいくという地方があり、その高さが人の背を超えているようなところもあるようです。

高知県では、石だけでなく、しめ縄や栗《くり》や椎《しい》、樫《かし》などの枝を供えたりするようですが、愛媛県の南部では、峠《とうげ》に祀った柴を毎年十月十日に集めて焼くという風習があります。これは、出雲《いずも》に出かけた神さまは片目しか見えず、しかも足が悪くて帰りが遅いため、急いで帰ってもらうよう、家が焼けているように見せるためだそうです。

また福岡県では、山の神さまだと考え、狩りの獲物の心臓の端を切ってお供えするという地方もあります。

道端に祀られる神さまには、ほかにも「袖《そで》もぎさま」と呼ばれる神さまがいます。袖もぎさまは、主に中国・四国地方に信仰がありますが、この神の前で転ぶと、片袖をちぎって供えなければならないとされています。

お稲荷《いなり》さま

五穀豊穣、商売繁盛にはなくてはならない神さま

■キツネで知られる庶民的な神さま

お稲荷さまほど、日本の庶民に親しまれている神さまはないでしょう。

全国にある稲荷神社の数だけでも三万とも四万ともいわれています。どこの町や村に行っても、小さな鳥居がたくさん並び、赤い幟《のぼり》がはためいて、狛犬《こまいぬ》の代わりにキツネの像がある稲荷社があります。これに個人の家に祀《まつ》られている稲荷社まで加えると、ものすごい数の稲荷神が祀られていることになります。

お稲荷さまといえば、キツネがその神さまのようにイメージする人が多いかもしれませんが、稲荷神社の総本家といわれる京都・伏見《ふしみ》稲荷の祭神は、宇迦之御魂大神《うかのみたまのおおかみ》、佐田彦大神《さたひこのおおかみ》、大宮能売大神《おおみやのめのおおかみ》、田中大神《たなかのおおかみ》、四大神《しのおおかみ》で、古代に大和地方で大きな勢力を振るった秦《はた》氏の氏神とされていました。

稲荷神は稲作の神・農業神とされ、「いなり」は稲生、稲成、飯成などとも書かれますが、稲荷が一般的で、その神像の多くも稲を荷《に》なった農民の姿で表現されていま

す。稲荷神は、古くは稲作、養蚕《ようさん》、食物の神さまでしたが、中世から近世にかけて商工業が盛んになると、農民社会から町人社会に拡大・浸透してきて、生産や商業の神さまとなっていきました。

しかし、稲荷信仰がこれだけ庶民の間に広まったのは、キツネを抜きにしては考えられません。

キツネが農業神である稲荷神と結びついたのは、次のような理由からだとされています。

まず、キツネは人里近くの山林に棲息《せいそく》し、稲の収穫期から冬にかけて山から下りてきて、田んぼの近くで食べ物をあさったり、子ギツネを養ったところから、田の神、稲作の神と考えられていたからです。

■キツネには変事を予知する能力が

また、種籾《たねもみ》を日本にもたらしたのはキツネだとする伝説もあります。人家にも近づくキツネですから人目に触れることも多く、その挙動に対して昔の人たちは、さまざまな神秘性を感じてきました。

お稲荷さま

鳴き声も何かの前兆とされ、遠鳴きすると異変があるとか、コンコン鳴くのは吉兆で、ギャーギャーとかカイカイなどと鳴くのは凶兆などともいわれ、キツネには変事を予知する力があると考えられていました。

こうしたキツネの持つイメージが稲荷信仰と結びつき、キツネは稲荷神の使者ということになったようです。人間を化かすといわれている動物はたくさんいますが、日本ではキツネとタヌキが双璧《そうへき》でしょう。

タヌキはその容貌《ようぼう》からして愛嬌《あいきょう》があり、語り伝えられている化かし方も、どこか憎めないところがあったり、間の抜けているところがあるのに対して、キツネのそれはズル賢いところがあります。それだけ知恵があると思われていたからかもしれません。

いまでも農家のお年寄りのなかには、若い頃にキツネに化かされたという体験談を語ってくれる人も少なくないでしょう。道を迷わされたとか、木の葉をお金と思わされたという話が圧倒的に多く、夜道などでキツネに化かされないためには、キツネはタバコの匂いが嫌いなのでタバコを吸うといいともいわれています。

その次に多いのが、キツネが人間に化ける話で、とくに美しい女性に化ける話は、民話や物語のなかにもたくさん出てきます。そのほか、不思議な自然現象が起こっても、やはりキツネのせいにされていたようです。晴れているのに雨が降ってくることを狐雨といったり、人家もなく火の気もない山などに点々と灯がともるのを狐火といい、とくに狐火が多く並んだ場合、これを狐の嫁入りといったりします。

東京・北区にある王子《おうじ》稲荷は関東稲荷の総司といわれ、大晦日の晩には社前にあった装束榎《しょうぞくえのき》という大木のまわりに関東中のキツネが集まってにぎわうとされ、その狐火で翌年の豊凶を占ったとされています。

キツネの霊が人間に憑《つ》いて異常な行動をとったり、病気になったりするという狐憑きは、憑依《ひょうい》現象のなかでももっとも代表的なものの一つです。かつては、霊的なキツネを飼っていると家が栄えると信じられており、キツネを飼っている狐持ちの家も少なくありませんでした。

このように、大勢の人に親しまれているお稲荷さまのご利益は、なんといっても商売繁盛です。現在は豊作祈願よりも商売や仕事がうまくいくことを願う人が、ほとんどといっていいでしょう。

ダルマ

開運招福、商売繁盛、家内安全のご利益が。
毎年新しいダルマに替えるとなおよし

■願いを込めて目に墨を入れるのが習わし

選挙になると、選挙事務所にかならずといっていいほど置かれているのが片目だけに墨が入れられたダルマです。当選を願って、告示の日に片目に墨を入れ、当選したあかつきに、お祝いと感謝の念を込めて、残ったもう片方の目に墨を入れて、万歳三唱となります。

こうした風習は、選挙のときに候補者がしているだけでなく、各家庭でも、子供の受験合格などを祈願したり、一年の無病息災を祈り、年の初めに片目を入れたら、年の終わりにもう片方の目を入れているところも少なくありません。

ダルマは、もともと禅宗の始祖・達磨《だるま》大師《だいし》が、九年間壁に向かって座禅を組んで修行したその姿をうつしたもので、倒れてもすぐに元に戻る起きあがりダルマが一般的です。

しかし、目が書かれていないダルマは、愛知県を境にした東日本でも、関東地方を

ダルマ

中心に見られ、西日本では、最初から目が書かれていて、ハチマキをしているダルマが多く見られます。

また、疱瘡神《ほうそうがみ》（132ページ参照）が赤い色を嫌うという言い伝えから、疱瘡除《よ》けとして幼児の枕元に祀《まつ》られていたこともあるそうです。

福島県白河《しらかわ》市のだるま市に出るダルマは、大小十九種類もそろっており、年々大きくしていくと福を招くといわれており、市神さま（120ページ参照）といわれて親しまれています。

■どちらの目に先に墨を入れるのか

どうしてダルマの目に墨を入れるようになったのか、また、どちらの目に先に墨を入れるのが正しいのでしょうか。

江戸時代に、苛酷《かこく》な年貢の取りたてにあえいでいたある農民が、家に祀っていた張りぼてのダルマに一心に祈っていたそうです。

しばらく祈っていたものの、あまり効果がないと感じたのか、縁起物《えんぎもの》は南向きに置く習慣があることを思い出し、向きを変えて祈りはじめたといいます。

翌朝、左目に朝日があたっていたので、神さまが宿ったような気がして、目を書こうと思い、祈願をしながら左目に墨を入れたといいます。

すると、なんとその日のうちに願いがかない、年貢を納めることができたのです。農民は、感謝の気持ちを込めて、その日の夕方、もう片方の目を塗ったそうです。

それから農民は、この一日を一年として、年の初めに祈りを込めて左目を塗り、年の暮れに右目を塗るようになったのが始まりだといわれています。

■全国各地のだるま市カレンダー

1月3日　元三大師《がんさんだいし》だるま市（埼玉県神川町《かみかわ》）
1月3日　元三大師だるま護摩（茨城県水海道市《みつかいどう》）
1月3日　川越《かわごえ》だるま市（埼玉県川越市）
1月6〜7日　少林山《しょうりんざん》だるま市（群馬県高崎市《たかさき》）
1月7〜9日（旧暦）　毘沙門天大祭《びしゃもんてん》（静岡県富士市《ふじ》）
1月9日　前橋《まえばし》初市（群馬県前橋市）
1月の第3日曜日　三春《みはる》だるま市（福島県三春町）

1月28日　とくさ不動だるま市（神奈川県川崎市）
2月節分　西新井《にしあらい》大師だるま市（東京都足立《あだち》区）
2月11日　白河だるま市（福島県白河市）
2月13、23日　虚空《こくう》蔵尊とダルマ市（静岡県焼津《やいづ》市）
3月3～4日　深大寺《じんだいじ》だるま市（東京都調布《ちょうふ》市）
12月17～18日　飯泉《いいずみ》観音だるま市（神奈川県小田原市）
このほか長野県小布施《おぶせ》町の小布施の安市（成人の日前後）や、長野県上田《うえだ》市の国分寺八日堂の縁日（1月7～8日）、静岡県浜松《はままつ》市の酉《とり》の市（11月酉の日）、広島県三原《みはら》市の三原神明市（2月第2日曜日を含む前3日間）でもダルマを売る露店が出ます。

犬神《いぬがみ》

恐ろしい犬神憑きの霊力が信仰される反面、一家の厄除けや安産の神さまとも伝えられる

■犬神は家族だけでなく、子孫にまでとり憑《つ》く

「夫婦ゲンカはイヌも食わぬ」とか、「イヌも歩けば棒にあたる」「生けるイヌは死せる虎に勝る」などと、イヌを引き合いに出したことわざはたくさんあります。

昔からイヌは、人間の生活に深くかかわり、密接な関係を保ってきました。

イヌが登場する昔話も多く、よく知られたところでは、「桃太郎」や「花咲か爺」などがありますが、どちらも主人公に忠実で、しかも、物語の重要な役割を果たしています。

しかし、そうしたいい話とは反対に、イヌの霊、犬神が人間にのりうつるという犬神憑きの話も、中国や四国、九州地方などに伝えられています。

犬神は、「イヌガメ」「インガメ」「イリガミ」などと呼ばれていますが、体はネズミより小さいとか、人には見えないなど実在のイヌとは少々違っているようです。

犬神憑きにあうと、人はイヌの真似をして四つん這《ば》いになって吠えたりするだけで

なく、次第に体のあちこちが痛んできたり、病気になったりします。

そして、恐ろしいことに、いったんとり憑かれて病気になってしまうと、どんな名医にかかっても治ることがなく、祈禱師《きとうし》などに霊を祓《はら》い落としてもらうより方法がないといわれています。

しかも、犬神の霊力は家族全員に及び、さらには子孫にまで継承されてしまうという恐ろしい霊力を持っているといわれています。

かつて映画にもなった『犬神家の一族』も、そうした犬神が先祖からとり憑いた一族が殺人事件を引き起こすという話でした。

犬神は、その一族にはきわめて忠実で、これを祀《まつ》れば家は栄えていくともいわれていますが、祀り方を間違えたり、粗末に扱うと、たちまち衰退してしまうともいわれているため、犬神の憑いた一家は、隣近所だけでなく、村八分になり、とくに嫁に来る者もいなくなったといわれています。

■厄除《やくよ》け、厄落としの犬神

しかし、埼玉県の三峯《みつみね》神社や静岡県の山住《やまずみ》神社では、山犬（ニホンオオカミ）を神

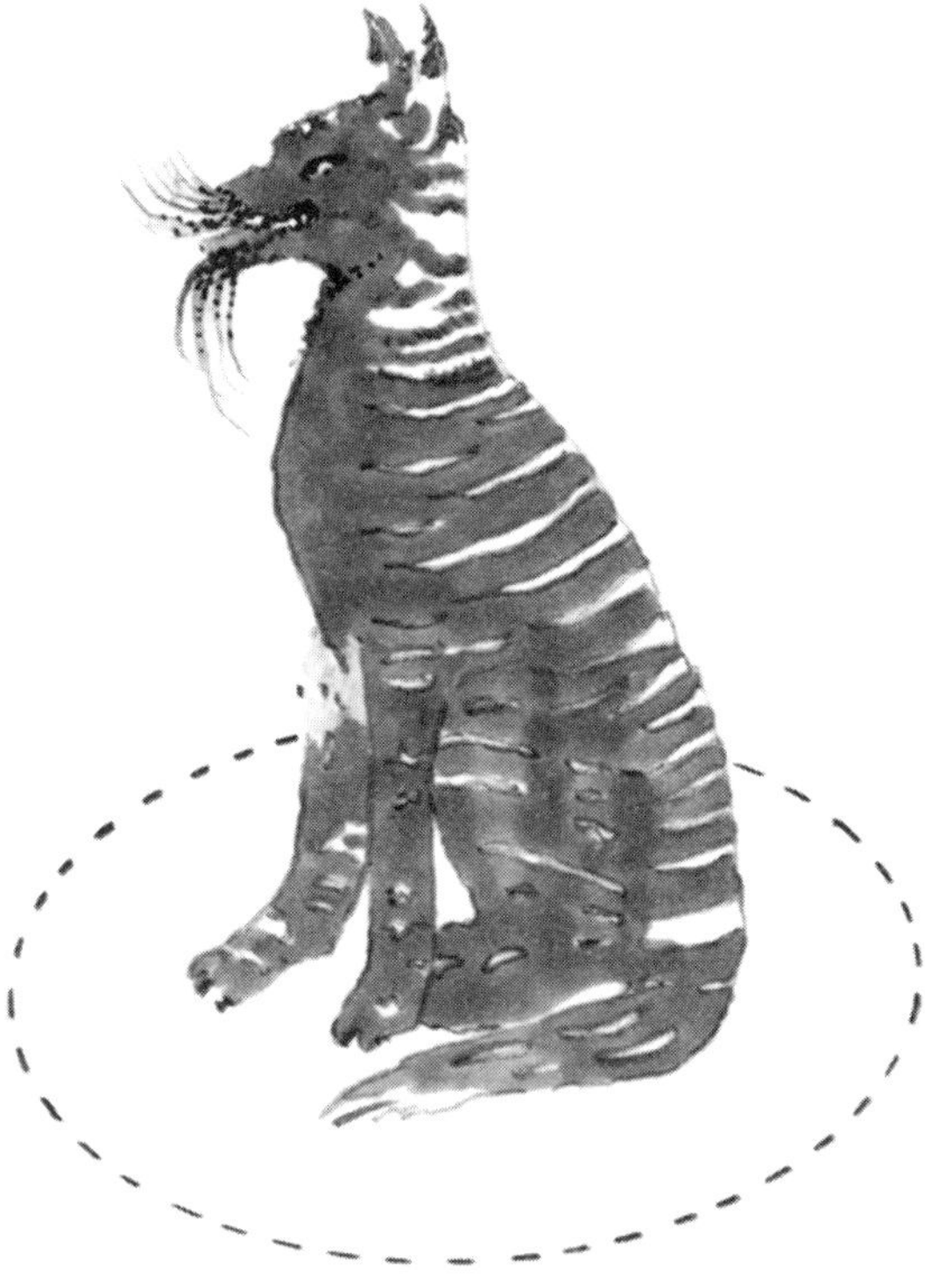

犬神

の使いとしているように、イヌは犬神憑きのように悪霊だけではないようです。

静岡県の山住神社周辺では、家を悪霊や疫病《えきびょう》、または泥棒などといった災難から守る屋敷神として、お犬さまと呼ばれるイヌの絵が描かれた護符《ごふ》を、玄関や門に貼っている家もあります。

厄年の年祝いの前に、氏神さまに参拝するという風習がありましたが、参拝にいく途中、それまで使い古したクシや、小銭などを、道の四辻にわざわざ落としていきました。

このとき、クシなどを犬張り子の中に入れて、捨てると効果があるともいわれていたようです。

犬張り子は、人の寝起きする場所に常に祀られ、とくに幼児に悪霊がとり憑《つ》いたりしないように、身の穢《けが》れを吸収するといわれていました。

■出産を見守り、安産の助けをするイヌの神

犬張り子の始まりは、平安時代に、宮中でイヌの形にかたどった箱をお祓《はら》いの道具に用いたことからくるようですが、箱形からイヌの形に変わったのは室町時代頃とい

われています。

当時、出産のときに天児《あまがつ》や這子《ほうこ》などといったお祓いをするための人形とともに、顔が幼児で、体はイヌに似せてつくられた犬筥《いぬばこ》を飾る風習があったといいます。

これが江戸時代に入って広まり、現在、神社などでお宮参りの祝い物として扱われているような立ち姿をした張り子になったようです。

また、イヌは出産が軽いことから、岩田帯を妊娠五カ月目の戌《いぬ》の日にしめる慣習があり、安産を願って、岩田帯にイヌの絵や文字を書いたりする風習は、現在でも残っています。

また、お宮参りのときは、誕生後、はじめて外出するので、魔除けのために、ひたいに鍋墨《なべすみ》や紅などでイヌの文字を書くところもあります。

お宮参りは、男の子なら生まれてから三十一日目に、女の子なら三十三日目にしますが、大正時代頃までは、このときに、犬張り子にでんでん太鼓を生麻で結びつけ、母方の実家や親類縁者から贈られるという風習もみられました。

千葉や茨城から福島にかけては、イヌがお産で死ぬと、主婦たちが犬卒塔婆《そとうば》という二股《ふたまた》塔婆を道に立てて供養するという習慣もあります。

ところで、イヌが恐ろしい人には、いいおまじないがあります。

効果のほどはさだかではありませんが、イヌとハチ合わせをして、吠えられそうになったり、訪ねた家にイヌがいた場合、両手の親指を中にして握り、「戌《いぬ》亥《い》子《ね》丑《うし》寅《とら》」という呪文を三回唱えてみてください。

すると、不思議とイヌが吠えないという言い伝えがあります。

ちなみに、昔から女性を危険から守るためにボディガードとして家まで送るはずの男性が、みずからオオカミとなって女性を襲ってしまうことを「送りオオカミ」とよく言います。

しかし、もともと送りオオカミは、夜歩くと後ろからついてくるオオカミのことで、途中で転ぶと襲われてしまいますが、転ばなければ家まで送ってくれるという話から生まれたようです。

産泰《さんたい》さま

子供が生まれないときに子授けを祈願する。
また安産にもご利益が

■関東地方で子安神と並ぶ勢力をもつ

安産祈願や、子授け祈願、出産の際に産婦と新生児を守るなど、出産にかかわるご利益のある神を総称して〝産神《うぶがみ》〟といいますが、この産泰さまは、なかでも、安産や子授けのご利益があり、埼玉県西部から群馬県を中心に信仰を広めてきました。

利根《とね》川中流以下、南関東に広まった同じく産神の「子安《こやす》神」と、関東地方の二大分布圏を形成しているといっていいでしょう。

産泰さまの本社は、群馬県前橋市下大屋《しもおおや》町にある産泰《さんたい》神社になりますが、曲げ物の柄杓《ひしゃく》が用意され、底を抜いて供えられます。当初から参詣者が遠方から訪れており、江戸時代には、各地に分社が設けられて信仰を広めていったといわれています。

また埼玉県大滝《おおたき》村では、明治末期まで〝産泰講〟という講を形成し、既婚女性が集まって、安産や子授けを産泰さまに祈願していました。その際、小さな銅鏡を持った女神像が描かれた掛軸に合掌《がっしょう》するわけですが、初めて産泰講に参加した新嫁は、早く子供が授かるようにと、最初に拝ませてもらったといいます。

オオニンギョウ

疫病を村に入れないようにする見張り番。人の身代わりとなった人形の神さま

■人形が悪霊を祓《はら》い清める

厄祓《やくばら》いのために神さまを祀《まつ》ってお祓いをしようという信仰は、各地にさまざまなものがあります。イワシの頭（26ページ参照）や道祖神（117ページ参照）もそうですが、笹神さま（39ページ参照）や疱瘡《ほうそう》神（132ページ参照）などといった疫病《やくびょうがみ》神を、祟《たた》りを恐れて、わざわざお祀りするところもありました。

オオニンギョウは、昔から、日本人に根ざしていた、ヒトガタ（人形）が悪霊を祓い清めるという考え方により、信仰されてきた神さまです。

とくに疫病は、村の外から侵入してくる災厄《さいやく》と考えられていましたから、村境に自分たちの身代わりとしてワラ人形を立て、人形に病気を託して疫病を村に入れないよ

オオニンギョウ

うにしようと考えていたのです。

■オオニンギョウの神力の象徴は大きな男根

秋田県では「ヤクバライニンギョウ」という男神で、手足を大の字に広げ、袴姿《はかま》に刀をさし、背中には餅《もち》の入ったツトを背負って立っています。半紙にりりしく墨書きされた顔がつけられ、とくに男根は、神力をあらわすためなのか大きくつくられ、前方に突き出した形をとっているものがほとんどです。

また、山形県では「ヤンメオクリ」というワラ人形を毎年つくっていますし、福島県でも五十年に一度骨組みづくりをおこなう以外、毎年衣替えをするだけで、昔からずっと村はずれの丘に立ちつづけている「オオニンギョウサマ」があります。

新潟県や秋田県でも「ショウキサマ」や「カシガサマ」、岩手県では「カシマサマ」「ワラニンギョウ」、茨城県にも「オオニンギョウ」「テングサマ」と呼ばれる大人形があり、どれも村境に立ち、村人の健康を守る神さまとして親しまれているようです。

■草履や草鞋で厄神が立ち去るのを願う方法も

オオニンギョウと同様に、ほかにも、村の境に草履や草鞋などを吊るす地方もあります。大きさは大小さまざまですが、共通して、どこも片方だけを吊るしています。というのも、昔から、神霊は片目片足であると語り伝えられているためで、村を歩きまわろうとする厄神に履物《はきもの》を用意し、それを履いて、すみやかに立ち去ってもらおうとしているからという説があります。

ほうき神《がみ》

安産を招き、魂の抜けた子供に魂を入れる神さま。ほうきで福を招きいれるのが役目

■ほうきは命を宿す木と考えられていた

昔から、ワラのタワシと古いほうきを捨てるときは結び目を解かないと難産になるとか、ほうきをまたぐと難産になるという言い伝えがあります。

安産であることと、母子の健康、無事を祈願した風習として、産婦が産気づくと、

家にあるほうきを逆さに立てる地方もあります。

また、出産時に安産を念じながら産婦の腹をほうきでさすったり、産婦の枕元にほうきを祀《まつ》ったりする地方もあり、ほうき神は広く信仰されてきました。

ほうきは、掃除のときにゴミを掃《は》く道具ですが、物をかき集めるものとして、福を招きいれる神と考えられていたようです。さらに「掃く」の名詞形が「ははき」であることから、「母木」、つまり命を宿す木、命を産む神さまとして信仰されていったのではないかと考えられています。

このほかにも安産や子授け、子育てなどにご利益のある産神は多く、おんめさま（56ページ参照）や産泰さま（91ページ参照）なども同種の神さまとみることができるでしょう。

天狗《てんぐ》

火難除け、盗難除けなど
災難厄除がメーンのご利益

■義経《よしつね》の鞍馬山《くらまやま》の天狗で有名

天狗は、山の中に出現する、日本の代表的な妖怪の一種です。源《みなもとの》義経が幼少の頃、鞍馬寺に預けられていたとき、鞍馬山の天狗に兵法を習ったという話はよく知られています。

その鞍馬山の天狗をモチーフにした大仏次郎《おさらぎじろう》の小説『鞍馬天狗』は、主人公の鞍馬天狗が幕末の京都で、勤皇《きんのう》の志士として新撰組を相手に活躍するもので、嵐寛寿郎《あらしかんじゅうろう》主演で映画でも大ヒットしました。

小説の鞍馬天狗は天狗といっても人間ですが、妖怪のほうの天狗は鼻が高く赤ら顔で、眼光鋭く、鳥のようなくちばしをもっていたり、山伏姿で羽根をつけて高下駄を履いていたり、羽団扇《はうちわ》をもっていて自由に空を飛べるというのが一般的なイメージでしょう。

また、手足の爪が長く、金剛杖《こんごうづえ》や太刀をもっていて神通力もあるともいわれていますが、これは深山で修行する山伏にワシやタカ、トビなどの猛禽《もうきん》類の印象を重ね合わせたものと考えられています。

天狗には大天狗と、烏《からす》天狗や木《こ》っ葉《ぱ》天狗などと呼ばれる小天狗という区別があるというのも、山伏が先達《せんだつ》に導かれながら修行する様子を表したものだといわれています。

■山中での不思議な出来事は天狗の仕業《しわざ》

かつて、里人にとって山中（とくに深山）は人間界とは隔絶《かくぜつ》した魔性《ましょう》や妖怪の住む世界と考えられており、そのなかでもっともポピュラーな妖怪が天狗でした。

ですから、山の中で起こる不思議な出来事はすべて天狗の仕業とされていました。

たとえば、山の中を歩いていて、木を切るような音につづいて地響きをたてて大木の倒れる音がします。そこで、木の倒れた音のしたほうに行ってみると、木の倒れたあとはもちろん、木を切ったあともありません。これを天狗倒しといいます。

山中で異常な高笑いに出会う天狗笑い、物音もなくどこからともなくツブテが飛んでくる天狗礫《つぶて》、突然、笛や太鼓、神楽《かぐら》の音が聞こえてくる天狗囃子《ばやし》など、天狗にま

天狗

つわる不思議な出来事はたくさんあります。

また、人が突然、行方不明になることを神隠しといいますが、とくに子供の場合、多くの地方で天狗にさらわれたという言い方をするようです。

こうした天狗を御神体もしくは神さまのお使いとして祀《まつ》っているのは、群馬県沼田《ぬまた》市の迦葉山弥勒寺《かしょうざんみろくじ》、栃木県古峯《ふるみね》ヶ原の古峯《ふるみね》神社をはじめ、修験道系統の社寺などがあります。

ご利益としては災難除けがメーンで、火難、水難、盗難、交通事故など不慮の災難や事故から守ってくれるとされています。

納戸神《なんどがみ》

五穀豊穣、子授けにご利益

■納戸に住み、田植えの季節に田に出る神

最近は、もう納戸と呼ばれる部屋のある家は少なくなってきましたが、大勢の家族

が住んでいるような田舎の家にいくと、陽が入らないような一番奥の物置部屋や、家の外にある物置小屋を納戸と呼んでいます。ここにも神さまが住んでいるのです。

納戸神は北陸、近畿、中国、四国、九州地方にわたり広く信仰されており、稲を守り育てる神さまとして、家と田の間を往復すると伝えられています。

隠岐島《おきのしま》では、毎年一月十一日の鍬初《くわはじめ》の日に、納戸神が家から外へ出られて田を守り、十月亥《い》の子《ね》の日に田から家に戻られるので、家の主人は田の水口から納戸神が流れてどこかへ行ってしまわないように出口を止め、家の納戸には紅葉を供えて納戸神を迎え入れるといいます。

農耕民族である日本人にとって、五穀豊穣《ごこくほうじょう》は誰にとっても願いでした。また、季節に大きく左右される稲作は、豊作も凶作も、天のみぞ知ることだったのでしょう。稲作の神さまには、納戸神のほかにも「作神」「田の神」（112ページ参照）「農神」などが有名ですが、そのほとんどが、荒神や恵比須（142ページ参照）、大黒天（138ページ参照）だと考えられていたようです。

神農《しんのう》さん

体は人間、頭は牛と奇怪な神さまでも
医薬の神さまとして病除けのご利益が

■病院と薬屋の守護神として祀《まつ》られる

「神農」は中国古代の伝説上の帝王のことで、『孟子』によれば、戦国時代、神農の教えを奉じる人物が、民も君主もともに農耕に従事するべきであると主張したという話が伝えられています。

以来、さまざまな書物に登場しますが、ある書物によれば、神農は体は人間でも頭は牛であるとか、体が竜だとか、じつに奇怪な姿として伝えられてきました。

しかし、農業や養蚕《ようさん》だけでなく、商業面や医療にも通じ、民を指導したといわれています。

大阪の少彦名《すくなびこな》神社に、少彦名命《すくなびこなのみこと》（173ページ参照）とともに祀られているのがこの神農さんなのです。神農さんは、薬の発見者であり、医薬の神さまとして、少彦名命とともに親しまれてきました。

江戸時代には「神農はたびたび腹を下して見」といった川柳もよまれ、民間の医者

神農さん

や薬屋の家業の守護神として祀っていたのがはじまりのようです。

現在は、薬の町として知られる大阪・道修《どしょう》町の一角にある少彦名神社を中心に、毎年十一月二十二、二十三日の二日間、神農祭がおこなわれ、たいへんなにぎわいをみせています。

このとき、少彦名神社では、参拝者に笹の葉につけた「張子の虎」が頒《わ》けられ、除病祈願のお守りとして人気を集めています。

竜神《りゅうじん》

古くから人間と深くかかわってきた竜とヘビ。

悪霊の侵入を防ぎ、雨乞い、豊作、家内繁栄を祈願

■ヘビに味噌汁をかけて豊作を祈る

「竜神」は水の神の代表的な存在で、あの世とこの世を結ぶ神さまとして、広く崇《あが》められてきました。

千葉県では小正月に、集落の四隅の木にワラでつくったヘビを巻きつけるツジギリ

竜神

という行事がおこなわれますが、これは、人間に危害を加えるような悪霊の外からの侵入を防ぐためです。

茨城県では、お盆になると、子供たちがワラでつくった竜を長い棒の先につけ、村中を歩きまわります。これは、墓地から出てきた精霊を竜に乗せてそれぞれの家に無事に送り届けるためです。

また竜神は、ヘビの形をとって現れるとも考えられていました。

奈良県御所《ごぜ》市の野口《のぐち》神社でおこなわれる蛇祭では、ヘビを村中引き回し、家々からはヘビに味噌汁をかけるという風習もあります。これで、雨乞《あまご》いと豊作を祈願するわけです。

島根県出雲《いずも》地方では、梅雨神といい、梅雨の時期だけに岩の破《わ》れ目からヘビが頭を出すとの言い伝えもあります。また、鎌倉の円覚寺《えんがくじ》には、白ヘビがトグロを巻いた上に、弁才天《べんざいてん》（146ページ参照）が座している像が祀《まつ》られていますが、これは、ヘビが弁才天の使いとして、蔵の家財を守るといわれているからです。とくに白ヘビは吉兆のしるしとして、白ヘビのいる家は栄えるともいわれています。

雷神《らいじん》

地震などの災難除けの神さまとして人気急上昇。電気事故の防止や受験合格、五穀豊穣のご利益も

■農耕民族の日本人には欠かせない神さま

文字どおり、「雷神」はカミナリの神さまですが、古代においては日神（太陽神）の分身として、天と地をつなぐ役目を果たす、神の代表的な存在です。

とくに、カミナリは季節の変わり目に鳴ることから、その方角で一年の天候や運勢を判断していたといわれています。

また、見た目には恐ろしい形相《ぎょうそう》をしていますが、雨を導くカミナリは、稲の豊作をもたらす五穀豊穣《ごこくほうじょう》の神として、古くから稲作農家には欠かせない神さまだったのです。

地方によっては、「鳴神《なるかみ》」とか「雷電《らいでん》さま」「ドンド神」「イナズマさま」「ハタ神」「カンダチ」「イカヅチ」などと、呼び名こそ違いますが、カミナリは、天から雨をもたらすありがたい恵みの神として崇《あが》められていたのです。

平安時代には、この雷神信仰をもてば、世の中の乱れは一掃《いっそう》され、儀礼的で整った

世の中が形成されていくとも考えられていたようです。

■地震除《よ》けのご利益も期待できる万能神

現在でも、雷神を祀《まつ》った神社が各地にありますが、どこにおいても、雨乞いや火伏せといった水火両面をつかさどる神さまとして親しまれています。

とくに、関東方面における雷電神社の総本社、群馬県の雷電《らいでん》神社には、雷神が電気事故からも守ってくださるということから、電気関係の仕事をしている人たちも多く参拝していると聞きます。

また、火雷《ほのいかずち》大神、大雷《おおいかずち》大神、別雷《わけいかずち》大神という雷神が三神も祀られているせいか、そのご利益も三倍あると期待させるのかもしれません。

さらに、受験合格、交通安全などといったご利益も受けることができるという天御中主神《あめのみなかぬしのかみ》や天神さま（183ページ参照）など、全部で七つの神々が祀られているのですから、一度の参拝で、すべての願いもかなえられるといわれています。

ところで、群馬の雷電神社といえば、池の多い地域ということもあって、参道には川魚料理の店が並び、参拝者の足も止まるようです。なかでも、ナマズの天ぷらは有

雷神

名で、神社への参拝というより、そちらが目的で訪れる人もいるようです。

最近は、防災意識が高まってきたせいか、なでれば地震を除けられ、さらに自信もわいてきて物事を成就《じょうじゅ》することができる、試験に合格することができるというご利益のあるナマズの置き物も人気を集めているそうです。

いずれにしても、防災用具をそろえるだけでなく、まずは雷電神社に参り、地震除けをねんごろに祈願したいものです。

船霊《ふなだま》さま

航海の安全と豊漁をもたらす船の守護神

■不漁がつづくと取り替えられてしまう神さま

船霊さまは、一般的には、帆柱《ほばしら》を立てる部分の下に穴を掘って御神体をおさめ、塡木《てんぎ》をして祀《まつ》られます。御神体は、女性の毛髪と男女の人形、銭十二文、賽《さい》二個が用意されますが、五穀や紅、白粉《おしろい》、クシ、鏡、また菊の実やネズミの糞を用いる地方もあります。

こうした御神体を船大工が、新しく造った船に船霊としておさめるわけですが、そのときに、御神体をおさめた入れ物にはフタをし、唱えごとをしながら槌《つち》で三回たたきます。不漁がつづいたり、水死体をひきあげたときには、御神体は取り替えられます。

ところで、船霊さまの親といわれる神さまに、「あんばさま」という神さまがいますが、こちらは、関東地方から東北地方にかけて、太平洋岸の漁村で信仰されていました。

茨城県の漁村にある大杉《おおすぎ》神社には、漂流した石を神さまとして祀り、漁のないときには、神輿《みこし》を担《かつ》ぎ出して海に入れ、豊漁祈願をするといいます。内陸のほうに入ると、赤い頭巾《ずきん》をかぶった人があんば囃子《ばやし》を踊って疱瘡祓《ほうそうばら》いをするというように、あんばさまは疱瘡神（132ページ参照）としても信仰されているところもあります。

田《た》の神《かみ》

五穀豊穣、商売繁盛、延命長寿、安産子育て、家内安全

■全国各地で名称も祀《まつ》り方もさまざま

稲の育成を助け、豊穣《ほうじょう》をもたらしてくれる神さまのことを総称して田の神といいます。

日本では、古くから稲作がおこなわれていましたので、豊作を祈願したり、収穫を感謝して各地で田の神を祀ってきました。昔の人たちは、稲の豊作をもたらしてくれる神さまのほかに、少彦名命《すくなびこなのみこと》（173ページ参照）のように穀物を産み育てる産霊《むすび》の神さまもいると信じていました。こうした神々は、現在も各地の神社に祀られて農家の人々の信仰を受けています。

古代以来、宮廷の神事としておこなわれてきた祈年祭や新嘗祭《にいなめさい》は、田の神祭りと密接にかかわるものです。

田の神の名称は全国各地でさまざまなものがあり、田の神のほか、作神、農神、作り神と呼ばれたり、他の信仰と合わさって、亥の神、恵比須（142ページ参照）、大黒

田の神

天（138ページ参照）、稲荷（75ページ参照）、地神、かまど神（30ページ参照）、荒神、お社日さま、お丑さまなども田の神としているところもあります。

とくに中国・四国地方ではサンバイさまと呼ばれ、田植え前後に祀られます。初田植えにはサンバイオロシといって、特定の田の水口に盛土して粟《あわ》の枝をさし、稲苗三束や供物をあげて祀り、田植えが終わると田の神昇天を祝うサンバイアゲという行事をおこないます。

田の神祭りには、稲作の作業に応じておこなわれるものと、毎年特定の月日を決めておこなわれるものがあります。種籾《たねもみ》をまいたあと、苗代田《なわしろ》の一部にカヤやヤナギなどの木を立てて田の神の依代《よりしろ》とし、これに焼き米などをお供えして祀ったり、初田植えと田植え終了時に、田の水口や屋内の一定の場所（荒神棚や神棚など）に苗三束を据《す》え、餅や御神酒《おみき》などをお供えして祀るのが多いようです。特定の日におこなわれる祭りは、春に降りてきて田の神となり、秋に里を去って山へ籠《こ》もるという考え方からきています。

東日本では三月、十月の十六日、または二月、十月の十日が田の神祭りで、春は早朝に空臼《からうす》をつき鳴らして田の神を降ろし、シトギや団子《だんご》の類を一升枡《ます》なら半分くらい供え、秋には餅をついて枡いっぱいに盛ってお供えします。西日本では二月と十月の亥《い》の日におこなわれることが多いようです。そのほかにも、奥能登《おくのと》のアエノコト（十二月九日と十一月五日）、九州北西部の丑《うし》の日祭り（二月と十一月の丑の日）などがあります。

田の神には、稲作を守り育てる守護神のほかに、穀霊的な性格や祖霊的性格をみることもでき、さらには耳や目の不自由な神さまとする伝承もあり、田の神の性格や祭りには、さまざまな要素が含まれています。それだけ、日本人にとっては身近な神さまだからでしょう。

ご利益は五穀豊穣が第一ですが、そこから商売繁盛や安産子育て、延命長寿、家内安全といった願いもかなえてくれるといわれています。

姥神《うばがみ》

子育てを見守る神さま

■山麓《さんろく》や水辺に祀《まつ》られていることが多い

姥神とは、子育ての守り神として、全国各地に、その言い伝えは多く残っています。その一つに「姥石《うばいし》」という話がありますが、信仰心の深い年老いた婦人が女人禁制の霊山に入ろうとしたところ、魔力にかかり、石と化してしまった話です。そして名山といわれる山麓には、こうした姥石が祀られている山が多いのです。

しかし、もともと姥とは、池や湖といった水辺に住んで神を祀る、従神の役目を持つ神さまでした。また、乳母とも書くように、神の子を育てる仕事をしていたといわれています。

各地には、主人の子供を池に落として死なせてしまった乳母が、自分も池に身を投げて命を断ってしまい、それからというもの、池に向かって「ウバ」と呼べば、返事をしているかのように水面に泡が立つというような言い伝えが多く残っています。

また、赤ちゃんを抱いた女性が、水辺に現れて子供を抱かせるという類の言い伝えもあり、いずれにしても、子育てを見守る神さまとして信仰されてきたのです。ちなみに、姥とは年老いた女性だけを指すのではなく、目上の女性を総称した呼び名でもありました。

道祖神《どうそじん》

あの世とこの世の境目の門番。
さまざまな姿で外からの悪霊をくい止める

■姿も呼び名も多種多様な神さま

道祖神は村の境界や道に住み、外からやってくる悪霊などをくい止め、災いから地域を守り、道行く人を守るといったはたらきをします。

昔から、集落や地域の境は、地理的なものだけでなく、あの世とこの世の境目だとも考えられており、道祖神が祀《まつ》られていなくても、旅人や通行人は、峠や村境などでは、幣《へい》を手向《たむ》けたり、柴を折って供えたりする風習がありました。

それが、次第に、縁結びや夫婦和合のご利益や、安産、子育ての神さまだとも言われるようになり、広く信仰されてきたのです。

呼び名も、「塞《さえ》の神《かみ》」「道陸神《どうろくじん》」「衢《ちまた》の神《かみ》」「岐《くなど》の神《かみ》」などといろいろで、姿も、場所によって、じつにさまざまにあらわされています。

ほとんどが自然石で彫られた単身の神像や男女二体の像ですが、石碑に神名を刻んだものから、「オオニンギョウサマ」（92ページ参照）と呼ばれる巨大なワラ人形やワラの竜であったり、また草鞋であったり、性器をかたどったものまでいろいろです。

ちなみに道祖神のお祭りは、地域ごとに一月十四、十五日ごろに、トンド、サギチョウなどの火祭の形でおこなわれますが、若者や子供たちによって祭る形式は共通しているようです。

道祖神

市神《いちがみ》

市場の安全と繁栄をもたらす神さま。村境に立ち、福を招き入れるのが役目

■市を開くときはかならず迎え入れられた神さま

「市神」の市とは、交易がおこなわれる場所、市場のことです。市場は、人々が生活を営むために大切な場でしたから、市の安全と繁栄をもたらす神に祈ることは、人々にとっては田の神に豊作を祈願するのと同様、不可欠なことでした。

ですから、市を開くときには、かならずといっていいほど、この市神をその場に迎え入れ、祀《まつ》るというのが習わしだったのです。しかも、どこか特定の地方で信仰されていたというより、東から西にいたる日本の各地で信仰されていた神さまといえます。

また、祀られていた場所も、市だけでなく、村の境や船着き場から、橋のたもとなどといった境目で、その村や集落に福を招き入れる神さまでもあったようです。

御神体として用いられていたのは、ほとんどが自然石や木の柱でしたが、その形は、卵形だったり、丸い形をかたどっていたり、また長方形であるなど決まった形はありません。なかには、自然石に市神という神名を彫ったものも数多くあります。

市神

また市神の神名も、恵比須（142ページ参照）や大黒天（138ページ参照）であったり、大国主命《おおくにぬしのみこと》（168ページ参照）や、厳島《いつくしま》神社の祭神・イチキシマヒメなどとさまざまですが、代表的な神さまであったことは共通しています。

庚申《こうしん》さま

徹夜で庚申の祭事を営むのが習わし。
庚申の夜に眠ると早死にする!?

■講仲間で定着していった庚申信仰

庚申とは、十干十二支《じっかんじゅうにし》の組み合わせのうちの一つで、六十日、または六十年ごとにめぐってくる庚申《かのえさる》の日のことです。

この庚申の日の夜に、体内にいる三尸《さんし》という虫が、人が眠ると天に昇り、天帝にその人が日頃している罪を告げるというのです。三尸は、中国の道教の説からくるようですが、四つ足で、イヌのような姿だそうです。

三尸から罪を聞いた天帝は、罰として、その人を早死にさせるといわれ、そのため、

庚申さま

長生きをするために、村の講単位などで、庚申の夜は眠らずにすごすという風習があります。

このような庚申信仰は、日本では室町時代から仏教的な色彩を帯び、庚申供養塔などが造立されるようになって民間にも広まり、村などで講組織と結びついていきました。

そして、講仲間などとともに、徹夜で庚申の祭事を営むことを庚申待《こうしんまち》といいますが、それにより、徐々に定着していったといわれています。

また、具体的に庚申さまと言われる神像が特定されていたわけではありませんでしたから、そのときどきの仏教や神道の影響を受けてきたようです。

ちなみに仏教では青面金剛とし、神道では猿田彦《さるたひこ》と説いていますが、作神や蚕神(54ページ参照)、または福を招く福神、病を治す治神などといった神さまとも考えられており、さまざまなとらえかたで信仰されてきたといっていいでしょう。

■庚申の夜に子供をつくると泥棒になる!?

ところで「話は庚申の夜」とは昔からよく言いますが、庚申の夜は眠らないため、話があればそのときにというわけです。

逆に、話をするのではなく、子づくりに励んでしまった結果、子供ができても、その子は泥棒になったり、体に障害をもつとまでいわれ、その夜の営みは慎《つつし》まなければならないともいわれています。

また、庚申講にかぎったことではありませんが、神を祀るときには、ほかにも多くの禁忌《きんき》が決められていたりします。

たとえば、肉類やニラ、ネギ、卵などといった生臭い物、匂いの強い物は食べてはいけないとか、行事が始まる前に入浴して身を清め、洗濯したての衣類を着なければならないといわれていました。

また山や海、田などに仕事に出かけてはいけないとか、肥料を扱ってはいけないなど、土地によって、さまざまな条件が課せられているのです。

小一郎神《こいちろうがみ》

一族、一家を守るが、祟りやすい危険性が

■村の鎮守《ちんじゅ》を担う古い神さま

大分県を中心に、熊本県から北九州一帯にかけて、非常に濃密に信仰されている神さまです。イッケ氏神（52ページ参照）と同じく、家族や一族だけでなく、村を守る鎮守の神さまです。かつては屋敷神として祀《まつ》られていたせいか、うっそうとした森などに祠《ほこら》が建てられ、その中に祀られていました。祠は、最初は小さかったようですが、今日では村鎮守の境内《けいだい》に集めて祀られています。明治の初期あたりまでの書物などには、「今日霊」と呼ばれて、この小一郎神がよく登場しています。

この神さまの名前の由来はさだかではありませんが、小一郎という名の一族の先祖を神に祀ったという言い伝えから、祖先信仰、同族神信仰から生まれた神さまと考えられているようです。

ただし、小一郎神は非常に祟《たた》りやすい危険な神さまだそうで、祠を安易に移動させたり、境内の木を切ったり、または奉仕を怠《おこた》ってしまうと、その家や一族にたちどころに罰があたったり、災いがふりかかるといわれています。境内は、いつも木が生い茂り、放置しているかのように見えるのですが、それも神さまへの敬意のあらわれというわけです。

寄《よ》り神《がみ》

海の向こうから来た福をもたらす神さま

■漁村には寄り神の言い伝えが多い

寄り神は、海のかなたより来った神さまのことで、海に囲まれた日本では、漁村や河岸の村で広く信仰されていました。静岡県磐田《いわた》市の寄木《よりき》神社では、高潮のときに海岸に流れついた木像を素戔嗚尊《すさのおのみこと》（171ページ参照）として祀《まつ》っていますが、各地の地蔵や観音などの仏像にも、海を渡ってきたとか、漁師の網にかかったと言い伝えられる例は少なくありません。

漁村にとって、海は人間を生かしてくれる源でした。農村で田畑に田の神（112ページ参照）や作神がいたのと同様に、海の向こうにも神さまがいて、かなたから自分たちに福をもたらしてくれると考えていたのです。

場所によっては、木像だけでなく、単なる石や木片などから、海難者の屍《しかばね》にいたるまで恵比須《えびす》（142ページ参照）と呼んでいました。また、漁師はクジラやサメ、イルカなども恵比須さまが宿っていると考え、けっして粗末には扱わなかったといいます。

寄り神のように、海を渡ってくる以外に、天からくる神さまもいます。その多くを飛び神と呼び、人々の求めに応じて舞い下りてくると考えられていますが、こちらは、内陸の神社などで祀られている神さまです。

金屋子神《かなやごがみ》

製鉄を教えた神さま

■イヌや女性、血を嫌う女神

鍛冶《かじ》師や鋳物《いもの》師、冶金《やきん》業者、炭焼きなどが祀《まつ》る神さまです。金屋子神は、製鉄を教えた神さまとして伝えられていますが、「金屋神」とか「金鋳神」「叶神」ともいわれ、中国地方の山間部を中心に、東北から九州まで、広く信仰されてきました。

中心になっているのは島根県にある金屋子《かなやこ》神社で、かつて、神官であった阿部《あべ》氏は絶大な法力を有していたといわれています。山の神を父とし、海竜王《かいりゅうおう》の娘を母とするカナヤマヒメノミコトがカナヤマヒコガミと結ばれて生まれたのが金屋子神だといわれています。

金屋子神の「金屋」とは金工のことで、彼らがこの神さまを広めて歩いたとも考えられています。

金屋子神は女神ですが、山の神と共通して、イヌや女性、血を嫌う（赤不浄）性質を持っています。逆に死の忌《い》み（黒不浄）は、鉄を生んで再生するという意味からか好むという性質は、庚申さま（122ページ参照）にも見られます。

ちなみに、イヌを嫌うのは、金屋子神の本体が白キツネであり、過去にイヌにかまれたことがあったからだとも伝えられています。

子安観音《こやすかんのん》

安産、子授け祈願の神さま。
お産にも立ち会い新生児を守護する

■女性を中心に広まった神さま

子安観音は「子易」とも書き、安産や育児の無事を祈願する神で、おんめさま（56ページ参照）や産泰さま（91ページ参照）と通じるものがあります。

東日本では、地域の既婚女性によって形成された講などによって、子安地蔵や子安観音の石塔が祀《まつ》られ、安産祈願がされてきました。もともとは明確な神格を持たずに信仰されていた子安信仰ですが、長野県上伊那《かみいな》郡長谷《はせ》村では、子安観音に念仏を唱えるというように、仏教や観音信仰、地蔵信仰、稲荷信仰などと結びついて社寺やお堂に祀られ、とくに女性にとっては、なくてはならない神さまとして親しまれてきたようです。

また、〝十九夜講〟と呼ぶ、正月や五月、九月の十九日、または毎月十九日に集まる講を形成し、「十九夜さま」として祀る地方もあります。

このほか、出産や子育てにまつわる信仰の対象神は数知れず、自然の石を神体とし

子安観音

て祀って出生児の性別を占ったり、海中から丸い石を拾い、床の間に祀っておくと子供を授かるなどといった信仰もあります。

また、底の抜けた柄杓《ひしゃく》を奉納して安産祈願をする神社があったり（91ページ参照）、素早く進むという将棋の駒の意味にあやかった「香車」や、安産であるイヌの霊魂を祀る地方もあります。ほかにも、子が授かるようにと男根をかたどった石像を祀ったり、木彫りの男根を抱いて祭礼に従う地方もあるなど、じつにさまざまな信仰対象があります。

疱瘡神《ほうそうがみ》

もっとも恐れられていた疱瘡の病。
その神を祀ると厄病除けの効果が

■赤い色のものを祀《まつ》ると悪霊を追い払える

天然痘《てんねんとう》は、現代ではほとんど根絶されてしまいましたが、明治時代までは一万人前後もの死者を出す流行が何度もつづき、もっとも恐れられていた伝染病でした。その天然痘から守ってくれる神さまを疱瘡《ほうそう》神といい、神社などで祀《まつ》られるだけでなく、各家庭でも祀られていました。

高知県では、昭和の初め頃まで、家族の誰かが疱瘡にかかると、疱瘡神を祀る吊棚をつくり、三〜四日間、トゲのある赤い魚と赤飯をお供えし、棚の両端をとがらせることによって厄病除《やくびょうよ》けとしていました。また、ほかにも勝手口や縁側の軒《のき》、便所などといった外界との境にあたるところに吊り、かならず赤い御幣《ごへい》を立てる風習がありました。赤い色は、その色の強力な霊力によって、悪霊が追い払われると考えられていたからです。

山梨県の疱瘡神社でも、祠《ほこら》の入り口には真っ赤な鳥居があり、さらに祠の外も中も赤く塗られていますが、疱瘡には赤色が効くと信じられていたからです。ちなみに、この疱瘡神社には、疱瘡に強いといわれる大山祇神《おおやまつみのかみ》（166ページ参照）とワカヤマツミノミコトが祀られています。

また、鎌倉の瘡守稲荷《かさもりいなり》（上行寺《じょうぎょうじ》）では、梅毒や疱瘡など、腫物《はれもの》に霊験のあった瘡守稲荷が祀られており、「おできの瘡守さん」と呼ばれて深い信仰を得ていました。

疱瘡が恐れられなくなった最近では、腫物の一種であるガンから救ってくれる神さまとして、ガン除けの稲荷として知られています。

横浜市の長昌寺《ちょうしょう》にある「芋《いも》観音」も、その昔は疱瘡を治す神さまとして知れわたっていました。当時は、疱瘡のことを「もがさ」とか「いもがさ」などと呼んでいたことから、疱瘡治癒のご利益がある観音さまを芋観音と呼ぶようになったともいわれています。

ところで、一風変わった厄除けをしていたのは、鹿児島県の喜界《きかい》島です。島で疱瘡が流行したとき、疱瘡神を村から追いやるために、島民がいっせいに家から金だらいやブリキ缶などを持ち出してうるさい音を出し、「ホー、ホー」と疱瘡神を呼びながら、村境まで追い詰めていったという風習があります。

このように、疱瘡神の威力は人々には脅威であったわけですが、そうした厄神でありながらも、神棚に祀られていたのは、負けるとわかっている戦《いくさ》に名乗りをあげず、逆に取り入ってその加護を得ようとしたのでしょう。

日本人独特の〝長いものには巻かれろ〟的な発想も、こうした自然とのかかわりから生まれたものなのかもしれません。

ミサキ神《がみ》

信じるものを安全に導き、幸福をもたらす神。
主神とする神と同様のご利益をもつ

■鳥であったりキツネであったりする

「ミサキ」とは「御先」と書き、主神に従事してその先駆けとなる神のこと、つまり、主神の使者を意味しています。『日本書紀』では、神武《じんむ》天皇の東征の際、天照大神（164ページ参照）によってそのもとに遣《つか》わされ、熊野《くまの》から大和に入る険阻《けんそ》な山中で先導の役目を果たした八咫烏《やたがらす》が、その性格をよく現しています。

八咫烏とは、頭の大きなカラスで、『日本書紀』では〝頭八咫烏〟と記述されています。

後世においては、単に主神に従属した神というより、フットワークが軽く、いたるところに出没する可能性をもった神と考えられているようですが、一般に主神の使者、従属神というと、八咫烏のように鳥であったり、キツネといった動物の例が多くみられます。

福島県いわき地方では、一月十一日におこなう〝ノウタテ〟という行事で、田んぼに初鍬《くわ》を入れ、「カミサキ、カミサキ」と声高に鳥を呼び込み、その年の豊作を祈願します。しかし備中《びっちゅう》南部で「ミサキ」といえば、人にとり憑《つ》いて悩ますキツネと考えられ、奥武蔵《おくむさし》地方でも「オサキギツネ」と呼ばれる憑きものの信仰が盛んです。

◆第3章◆

寄らば大樹の蔭——これこそ神さま!

ニッポンを創った神さま、仏さま

大黒天《だいこくてん》

食べ物に困らない神さま。
もちろん福財・招福の神としても活躍

■台所の守護神から福の神に

七福神の一つ、大黒天は、もとはヒンズー教の主神の一つで、青黒い身体を持つ破壊神であるシバ神の別名でした。その後、仏教に帰依《きえ》し、サンスクリット語で偉大な黒い神を意味するマハーカーラ（摩訶迦羅）と呼ばれるようになりました。

日本で大黒天と呼ばれるようになったのは、カーラが黒を意味することと、記紀神話に登場する大国主命《おおくにぬしのみこと》と容姿が似ていることが影響しているといわれています。

インドでは昔、大黒天は飲食を豊かにする神で、中国に伝わってもそれは同様でした。天竺《てんじく》（インド）の諸大寺では、厨房《ちゅうぼう》の柱に大黒天を守護神として祀《まつ》れば、何人の僧が訪れても出す食事に困ることはないと伝えられていたほどです。中国で祀られていた大黒天は、小さな床几《しょうぎ》に腰をかけ、手に金の袋を持っていますが、日本に伝えられたのも、この系統の大黒天のようです。

日本に大黒天をもたらしたのは、天台宗の開祖・最澄《さいちょう》です。以来、天台宗をはじ

大黒天

めとする寺院の多くの厨房にも、その姿が見られるようになりました。

その後、台所の守護神から福の神としての色合いが強くなり、それにしたがって、左手に袋を背負い、右手には槌《つち》を持ち、米俵に座るというひじょうに福々しい姿になっていったわけです。

ところで、七福神には大黒天のほか、恵比須《えびす》（夷蛭子）、弁才天《べんざいてん》（弁天）、毘沙門天《びしゃもんてん》、布袋《ほてい》、福禄寿《ふくろくじゅ》（福禄）、吉祥天《きっしょうてん》（あるいは寿老人《じゅろうじん》）の六神がいます。あとの項でも紹介しますが、ここで七福神のいわれについて少し紹介しましょう。

金銀財宝を満載した宝船に乗った姿で描かれることの多い七福神ですが、七福神をまとめて崇拝《すうはい》するようになったのは、近世中期以降で、初めは大黒天と恵比須の二神だけが信仰されていました。次いで弁才天、毘沙門天、布袋などが加わり、さらに二神が加わったと言われています。最後の二神のうち、長寿を授ける寿老人は、南極星の化身といわれる短身頭長でたっぷりした髭《ひげ》をそなえた福禄寿と同体異名として扱われ、七福神から除かれ、代わって吉祥天が加えられる場合もあります。

大黒天や毘沙門天、弁才天といった仏法の守護神や民間信仰に根ざす恵比須など、雑多な福神を「七」の聖数にはめた七福神信仰が、民衆の生活の中に深く浸透したの

福禄寿

寿老人

は、現世における蓄財の観念が生まれてきたからでしょう。とくに商人社会では、福《ふく》徳施与《とくせよ》の神として崇《あが》められていきました。

七福神が昔から庶民に親しまれてきたエピソードとしてユニークなのは、文明年間（一四六九〜八七）に出没した七福神を装った盗賊の話です。庶民はこの盗賊に対し、怒るどころか、福神の到来として、むしろ歓迎したといいます。それ以外にも、絵画や彫刻の題材となったり、七福神詣《もう》でや初夢の宝船といった信仰習俗をも広く生んでいます。

恵比須《えびす》

海から都市部に信者を広げ、商売繁盛、豊作祈願にご利益

■海からの漂着物はみな恵比須さま

商売繁盛の神さまとして日本の民間信仰のなかでも広く一般に受け入れられているのが、七福神の一つ、恵比須です。恵比須の語源は定かではありませんが、一説には

恵比須

来訪人、つまり異郷人を意味する「夷」「戎」に由来するともいわれています。烏帽子《えぼし》をかぶり、タイと釣り竿《ざお》をかついだ姿で描かれることが多いことからもわかるように、もとは漁師の間で広く信仰されていた神さまでした。

日本各地の漁村には、海中から拾った、あるいは浜辺に漂着した丸い石を恵比須の御神体として祠《ほこら》に納め、初漁祝いや大漁祈願など、漁に関係する行事で祭りをおこなったり、魚だけでなく、海からの漂着物は恵比須と呼び、けっして粗末に扱わない風習が残されています。

このように漁村で信仰されていた恵比須でしたが、中世以降、しだいに商人や農民の間にも広まるようになりました。とくに都市部の商家では、商売繁盛の神さまとして厚く信仰されるようになったのです。

関西では一月十日を「十日戎《えびす》」といい、大阪市の今宮《いまみや》戎神社、兵庫県西宮《にしのみや》市の西宮《にしのみや》神社などで恵比須を祀る祭りがおこなわれます。西日本の神社でも一月から二月にかけて、同様の祭りをおこなうところが少なくありません。また、農家の中には、恵比須を農神とみなし、一月に稼ぎに出て十月に戻るという春秋の去来を説いたり、足や目、耳が悪い、あるいは極端に醜い神と考えるところもあるようです。

毘沙門天《びしゃもんてん》

商売繁盛から開運招福、縁結びと、福徳を授ける神として広く信仰される

■武将たちから厚く信仰された神さま

毘沙門天は仏教の護法神で、サンスクリット語ではバイシュラバナと呼ばれます。もとは暗黒界の悪霊の主でしたが、ヒンズー教ではクベーラの異名を持ちます。ヒンズー教で財宝、福徳をつかさどる神になり、夜叉《やしゃ》、羅刹《らせつ》を率い、帝釈天《たいしゃくてん》（156ページ参照）に属して北方を守る神とされました。

仏教に取り入れられてからは四天王の一尊となり、須弥山《しゅみせん》の北方に住み、多数の夜叉を率いて北方を守る護法の善神となりました。仏教では、別名の「多聞天《たもんてん》」という名で呼ばれることもあります。

毘沙門天は、四天王の他の三天とは異なり、昔から日本では単独の神としても信仰を集めてきました。とくに武将たちの信仰は厚く、楠木正成《くすのきまさしげ》は、毘沙門天を本尊とする信貴山《しぎさん》の朝護孫子寺《ちょうごそんしじ》の申し子として、幼名を多聞丸《たもんまる》と呼ばれていたほどです。

また、平安時代には、王城鎮護《ちんご》のため、北方に建てられた鞍馬寺に左手をかざした

毘沙門天を安置したり、東寺《とうじ》（教王護国寺《きょうおうごこくじ》）の兜跋《とばつ》毘沙門天像のように、密教においても特別の彫像が置かれるようになりました。その後、武将姿のまま七福神の一つに加えられるようになり、福徳を授ける神として民間にも信仰されるようになったのです。有名な毘沙門天像としては、前出した信貴山の朝護孫子寺、聖徳太子《しょうとくたいし》が鎮護国家を祈って建てた難波《なんば》の四天王寺《してんのうじ》などにあります。

弁才天《べんざいてん》

芸術関係に秀でたいならお参りを。
夫婦和合、商売繁盛にもご利益が

■銭洗《ぜにあらい》弁天でお金を洗うと百倍に増える!?

弁才天は、もとはサラスバティというインド古代神話に現れる大河の神で、梵天《ぼんてん》（154ページ参照）の妃ともいわれています。サラスバティは、「水を有するもの」を意味する女性名詞で、その流れる水の音にちなみ、音楽の神、弁舌（知恵）の神として信仰されていました。

毘沙門天

これを受けて仏教に弁才天を登場させたのは、『金光明最勝王経《こんこうみょうさいしょうおうきょう》』で、弁才天はこの経を説く人や聞く人に知恵や長寿、財産を授けるとしています。

しかし、民衆の間では技芸の神として信仰されることが多く、日本古来の神であるイチキシマヒメノミコトと習合し、白肉色で宝冠をかぶり、琵琶を弾《ひ》く美女の姿が一般的になりました。中世末期以降は財産の神としての信仰も生まれ、弁才天を弁財天とも書くようになり、七福神の一つとしても取り入れられるようになったのです。

日本の弁才天で有名なのは、神奈川県の江島《えのしま》神社、滋賀県の竹生島《ちくぶしま》神社、広島県の厳島《いつくしま》神社のいわゆる三弁天で、このほかに鎌倉の銭洗弁天《ぜにあらいべんてん》も広く知られています。

水辺に祀《まつ》られることも多く、水と関係のあるヘビと結びつけられることも少なくありません。そのため、ヘビを神使とする宇賀神《うがじん》（宇迦之御魂大神《うかのみたまのおおかみ》）と混同されることもあります。

また、弁才天を参詣すると芸事が上達するばかりではありません。銭洗弁天では銭洗水で持っているお金を洗うと百倍に増えたり、幸運を招くといわれています。

弁才天

布袋《ほてい》

布の袋から福を出すのか、
ご利益もオールマイティに期待できそう

■見るからに福々しい神さま

大きくせりだしたお腹を持ち、大きな袋を背負っている姿で絵画や詩文に描かれる布袋は、見るからに福々しい神さまです。現在では七福神の一つとして知られていますが、もとは九～十世紀頃の中国・明州《めいしゅう》奉化《ほうか》県（現在の浙江《せっこう》省）出身の僧で、日用品のすべてを布の袋に入れて持ち歩いていたことから、布袋和尚《おしょう》の名前で呼ばれていました。布袋和尚は、杖をついて市中に喜捨《きしゃ》を求め、食物やその他のもらい物など、いっさいを袋の中に入れていたと伝えられていますが、一説には弥勒《みろく》菩薩（208ページ参照）の化身だったともいわれています。

日本にこの奇僧の話が伝わったのは室町時代とされ、その円満な風貌《ふうぼう》と、いつも子供に取り囲まれていることが多くの人の話題となり、それが次第に布袋信仰につながっていったようです。

布袋がなぜ七福神の一つに加えられることになったのかは定かではありませんが、

布袋

『守貞漫稿《もりさだまんこう》』(一八五三序)には、布袋の土製人形をかまどの上に置く家が数多く見られると記されており、その当時には、かなり多くの庶民の間で布袋が信仰されていたと考えられます。

布袋を祀《まつ》った寺として有名なのは、群馬県太田《おおた》市にあるさざえ堂(曹源寺《そうげんじ》)です。貝のサザエに似た独特の建築美を持つこの寺には、上州太田七福神の布袋さまが安置されており、別名でアジサイ寺と呼ばれるように、アジサイのシーズンには、日本各地から観光客が訪れます。

吉祥天《きっしょうてん》

七福神のなかではマイナーだが、れっきとした福徳を招く神さま

■大地から生まれたとされる神

七福神の一つ、吉祥天は仏教の福徳の女神で、別名「功徳天《くどくてん》」、サンスクリット語では「シュリーマハーデービー」と呼ばれています。

ヒンズー教のラクシュ（別名シュリー、吉祥の意味を持つ）が仏教に取り入れられたもので、ヒンズー教ではビシュヌ神の妃でした。

「大地から生まれたもの」という異名も持ち、愛欲神カーマの母でもあります。

仏教では毘沙門天《びしゃもんてん》（145ページ参照）の妃とされ、蓮華の上に立ち、片手に何かを持ち、左右から象が降りそそぐ水を受けている姿で描かれることが少なくありません。

これは、諸神の乳海攪拌《にゅうかいかくはん》（神々と阿修羅《あしゅら》たちが、不死の妙薬を手に入れるために乳海〈混沌とした状態〉をかき回したという神話。その泡から吉祥天が生まれたといわれる）によって吉祥天が出現したとき、天の象が浄水を金瓶《きんぺい》にくんで彼女に浴びせたというヒンズー神話に由来するといわれています。

日本では古代、吉祥天を本尊として福徳を祈願する天女法（吉祥悔過法《けかほう》）が国分寺や大極殿でおこなわれていましたが、後世にはすたれ、同じく福徳を祈願する弁才天にお株を奪われた形になってしまいました。

吉祥天の像で有名なものとしては、薬師寺《やくしじ》の画像、浄瑠璃寺《じょうるりじ》の彫像があります。

とくに鎌倉時代につくられた、肉身を胡粉《ごふん》で白く塗り、天衣・瓔珞《ようらく》などを多用し、色鮮やかな色彩がほどこされた高さ九〇センチの唐風の吉祥天立像は、重要文化財として手厚く保護されています。

梵天《ぼんてん》

鎮護国家、家内安全、商売繁盛、開運招福

■帝釈天《たいしゃくてん》とともに仏法を守護する神さま

古代インドのバラモン教に発する神さまで、サンスクリット語でブラフマンといいます。

もともとブラフマンとは、音声や言語に秘められる呪力《じゅりょく》のことで、これが次第に万物を創り出す創造力とされ、ついには宇宙万物を生ずる根源となり、それを人格化したのが梵天なのです。

そのため、梵天を娑婆《しゃば》世界の主とか造物主とも名づけています。

大梵天王ともいい、仏教においては帝釈天（156ページ参照）とともに常に仏の脇にあって仏法を守護する神さまとされ、仏法守護のほかにも、鎮護《ちんご》国家や経世利民《けいせいりみん》の神

吉祥天

さまとして、広く信仰を集めています。
法隆寺《ほうりゅうじ》食堂の塑像《そぞう》、東大寺《とうだいじ》三月堂の乾漆《かんしつ》像、唐招提寺《とうしょうだいじ》の木像は名品として知られています。

なお、神道の依代《よりしろ》または奉納物としての大きな御弊《ごへい》を「ぼんでん」、または「ぼんてん」といいますが、この語源についてはいろいろな説があり、「ほて」という語が梵天に引き寄せられたと考えられています。

「ほて」は、目印として立てるものであり、西日本を中心とする広い地域では占有標のことを指していうそうです。

帝釈天《たいしゃくてん》

病気平癒、開運招福、商売繁盛、家内安全、心願成就

■寅さんの映画ですっかりおなじみ

「生まれも育ちも葛飾柴又《かつしかしばまた》、帝釈天で産湯《うぶゆ》を使い……」という、映画『男はつらいよ』

梵天

の寅さんのセリフは誰もが知っているでしょう。

その帝釈天とは、梵天（154ページ参照）と並び称される仏教の守護神で、もともとはバラモン教の神さまでした。インド最古の聖典『リグ・ベーダ』のなかでは、阿修《あしゅ》羅《ら》との闘いに勇名を馳《は》せる闘いの神さまとされています。

そのほか仏典でよく知られているのは、お釈迦さまが過去世において雪山童子《せっせんどうじ》と名乗って修行していたとき、羅刹《らせつ》（鬼）に身を変じて、童子の修行を試し励ます役割も演じています。

寅さんですっかりおなじみになった東京・葛飾区の柴又帝釈天（題経寺《だいきょうじ》）は、日蓮上人がみずから刻んだとされているものです。

江戸時代、江戸に疫病《えきびょう》がはやったとき、帝釈天の「一粒符」という守り札を配り、人々の苦しみを救ったことから帝釈天信仰が民衆の間に根づいたといわれ、以来、この「一粒符」を境内のご神水で飲むと万病に効くとされています。

病気平癒《へいゆ》のほか、開運招福、商売繁盛、家内安全、心願成就などのご利益があるそうです。

帝釈天

韋駄天《いだてん》

僧や寺院を守り、
南方を守護する足の速い神さま

■足の速い人をなぜ「韋駄天」というのか？

もともと韋駄天とは、サンスクリット語でスカンダといいますが、塞建陀《そけんだ》、建陀《けんだ》などと訳されます。これは〝バラモン教の神さま〟という意味です。

これが仏教に取り入れられたことによって、〝僧や寺院の守護神〟を意味するようになったといいます。

さらに「韋駄」は、「建駄」を間違って記録されたことによってついた名前のようです。

この韋駄天は、仏経における天神、つまり、四天王のうち、南方を守護する増長天《ぞうちょうてん》に属しています。その像は、岐阜県の乙津寺《おっしんじ》に祀《まつ》られていますが、甲冑《かっちゅう》を着け、合掌した腕の上に、剣や独鈷《とっこ》を乗せています。ちなみに、東を守るのは持国天《じこくてん》、西は広目天《こうもくてん》、北は多聞天《たもんてん》とされています。

ところで、足の速い人のことを、よく「韋駄天」といったり、疾走を意味するとき

韋駄天

にも「韋駄天走り」といいます。

これは、「捷疾鬼《しょうしつき》」という悪い魔王が現れて、お釈迦さまの遺骨を盗み去ってしまったときのこと。韋駄天が、ものすごいスピードで魔王を追いかけ、みごと遺骨を取り返したという伝説があり、そこから足の速い人のことを「韋駄天」というようになったというわけです。

歓喜天《かんぎてん》

商売繁盛、開運厄除、地位向上、夫婦和合、家庭円満、子宝、良縁

■「聖天《しょうでん》さん」と呼ばれ親しまれている神さま

「聖天さん」と呼ばれている神さまが、仏教の守護神といわれている歓喜天です。大聖歓喜自在天ともいわれ、サンスクリット語ではガナパティといい、もともとはインド神話の神であり、ヒンズー教のシバ神とその妃パールバティーの子供で象頭人身の神ガネーシャのことで、智慧《ちえ》と財福の神さまとされています。

形像には、単身像と夫婦が抱擁《ほうよう》しあった双身像がありますが、これは、人間に害をなすビナーヤカ（毘那夜迦）という鬼の一族がいて、その一族の長である歓喜に観音菩薩が女身をとって近づいて夫婦となり、夫婦となるかわりに人間を害することをやめさせ、逆に人間の災いを取り除く神にさせたという話からです。

そこから人間の愛欲や煩悩《ぼんのう》をすべて受け入れ、仏道に転じてくれる「聖天さん」は、現世利益をすべて聞き届けてくれる仏さまということになったといわれています。

おもなご利益は商売繁盛、開運厄除《やくよけ》、地位向上、夫婦和合、家庭円満、子宝や良縁に恵まれるというものです。関西では日本の三大聖天の一つである奈良の生駒《いこま》聖天、関東では東京・浅草《あさくさ》の待乳山《まっちやま》聖天宮が有名です。

天照大神《あまてらすおおみかみ》

頭がよくなりたい、直観力を高めたい、つらい思いを吹っ切りたい……など、精神的なお願いを

■日本の神さまの大元締め

天照大神は、八百万《やおよろず》といわれている日本のたくさんの神々の頂点にいる、いってみれば日本の神さまの大元締め《おおもとじ》のような存在です。また、天空を照らす偉大な神という意味から太陽神ともされています。天照大神の〝天の岩屋戸隠れ〟の話はよくご存じでしょう。

天照大神の弟の素戔嗚尊《すさのおのみこと》（171ページ参照）が神衣を織っている神聖な機屋《はたや》の棟から逆剝《さかは》ぎにした馬を投げ入れるなどの暴行を働いたため、それを恐れた天照大神が天の岩戸にこもってしまいました。すると、国中が真っ暗闇になってしまい、みんな困ってしまいました。他の神々たちは、なんとか天の岩戸を開けようとしましたが、うまくいきません。そこで、アメノウズメノミコトが踊りを踊って、みんなが楽しそうに騒いでみせたところ、外の様子が気になった天照大神は岩戸を少しだけ開けて外を見ようとしました。そのとき、力持ちの神さまが岩戸のすき間に手をこじいれて岩戸

を開け、ようやく世界に光が戻ったという神話です。

余談ですが、天の岩戸をこじあけた力持ちの神さまはアマノタヂカラオノミコトといい、日本の国技である大相撲の神さまといわれています。

一方、アメノウズメノミコトは半裸で卑猥《ひわい》な踊りをしたところから元祖・ヌードダンサーともいわれ、そこから芸能に関するご利益のある神さまとなりました。芸能界をめざしている人は、ぜひアメノウズメノミコトもお参りするといいでしょう。

それはともかく、天照大神は日本の神々の頂点に立つ万能神であり、また太陽神でもありますので、精神的な願いごとであればなんでもかなえてくれるといわれています。太陽神とは万物を成長させるエネルギーを象徴していますから、生きる活力つまり生命力を与えてくれます。ですから、受験に失敗したとか失恋した、信頼していた人に裏切られた、仕事がうまくいかない……といった悩みや苦しみで落ち込んでいる人に、生きる力を蘇《よみがえ》らせてくれるのです。いつまでもクヨクヨと悩んでいると、考え方はどんどん消極的になってしまいます。その結果、自殺という最悪の方法を選んでしまうかもしれません。そんなときは天照大神に助けてもらいましょう。

また、消極的で何事にも引っ込み思案の人、勇気がない人、自信喪失の人、情緒不安定の人など、自分のいやな性格を直したいという人にもおすすめです。

それから、太陽の光は知恵や発想の素晴らしさも象徴していますので、頭がよくなりたい人、勉強の成績を上げたい人にもご利益があるといわれていますので、ぜひ一度は参拝してみてはいかがでしょうか。

大山祇神《おおやまつみのかみ》

集中力やパワーが身につくとともに、将来どうしたらいいかが見えてくる

■三嶋大社に祀《まつ》られている神さま

大山祇神は大山祇命《おおやまつみのみこと》ともいい、『古事記』や『日本書紀』では、伊弉諾尊《いざなぎのみこと》・伊弉冉尊《いざなみのみこと》（175ページ参照）の子供で、またコノハナサクヤヒメの父とされています。

一方、『伊予国風土記』では、仁徳《にんとく》天皇のときに百済国《くだらこく》（現在の韓国）より渡来し、はじめは摂津国御島《せっつこくみしま》（大阪府吹田市三島《みしま》）に座し、のち伊予《いよ》国御島《みしま》（愛媛県越智《おち》郡大三島《おおみしま》町）に移り、現在の大山祇神社に祀られたと記されています。

この大山祇神社では、大山祇神は池神、海神の両方を兼ね備えた神さまとして祀られ、毎年、旧暦の五月五日におこなわれる御田植祭《おたうえまつり》と、旧暦の九月九日におこなわれる抜穂祭《ぬきほまつり》は、その年の豊作か凶作かを占うお祭りとしてよく知られています。

また、『釈日本紀』には現在の静岡県三島《みしま》市の三嶋大社の祭神としても記されています。

■日本各地に祀られた大山祇神は山の神さま

これ以外にも、日本各地の神社には大山祇神が祀られていますが、それらの神さまは以上の神話などとは関係なく、山の神として一般に信仰されてきたものです。

ご利益としては、消極的な人には積極的になるパワーを与え、反対に猪突猛進《ちょとつもうしん》タイプには、それをほどよくセーブする力が与えられます。つまり、バランスのとれた行動がとれるようになるわけです。

また精神的に弱い人、優柔不断な人、将来に対して不安を抱えている人にも、霊験あらたかでお参りすれば気持ちがすっきりするだけでなく、自分自身をじっくりと見つめ直すことができるでしょう。

なお、落語の「大山詣《まい》り」で有名な神奈川県伊勢原《いせはら》市の大山阿夫利《あふり》神社の大山祇神は酒造りの祖神といわれていますが、酒乱で悩んでいる人なら、ぜひともお参りすることをおすすめします。

酔って他人にからんだりする酒グセの悪さが直ったり、飲んでもそれほど酔うことがなくなるといわれているからです。もちろん、酒屋さんやお酒を扱っている飲食店などの商売繁盛の神さまでもあります。

大国主命《おおくにぬしのみこと》

商売繁盛、開運招福、家内安全、勝利祈願、縁結び

■「因幡《いなば》の白兎《しろうさぎ》」で有名な国造りの神さま

大国主命は日本神話に出てくる創造神、つまり国造りの神さまで、出雲国造《いずものくにのみやつこ》の祖神、出雲大社の祭神とされています。『日本書紀』や『古事記』のなかで、もっとも親しまれている神さまが大国主命であることは、あの有名な「因幡《いなば》の白兎」の物語が

よく示しています。

白兎がワニ（サメのこと）をだまして海上に並ばせ、隠岐島《おきのしま》から因幡国へ渡ろうとしましたが、口をすべらせてだましたことがバレてしまいました。

そのため、白兎はワニたちによって皮をはがれて赤裸になってしまいました。そして、妻をめとるために旅をしていた大国主命の兄・八十神たちが、赤裸で苦しんでいる白兎に、潮を浴びれば治るとウソを言いました。

八十神たちにだまされて潮を浴びた白兎は、痛みと苦しみでのたうちまわっていました。そこで、大国主命は真水で体を洗い、ガマ（蒲）の花粉の上に転がっているよう教えて治してあげました。

すると白兎は、相手の女性と結婚できるのは兄の八十神ではなく大国主命だと予言したため、八十神たちは大いに怒って大国主命を焼き殺してしまいます。しかし、貝の粉を汁で溶いたものを塗って生き返りました。

そして、母の教えにより死者の国へ行った大国主命は、そこで生大刀《いくたち》、生弓矢《いくゆみや》、天詔琴《あめののりごと》の三つの宝を手に入れ、地上の国へ戻って八十神たちを滅ぼしたあと、少彦名命の協力を得て国造りを始めるというものです。『出雲国風土記』では鋤《すき》で土を掘り起こすようにして国を造ったとあり、『播磨国風土記《はりまのくに》』などでは農業神ともされています。

また、「因幡の白兎」や死者の国へ行くという話にみられるように、大国主命は政治的な王であるばかりでなく、医者でもあり巫女《みこ》的な要素も兼ね備えていることがわかります。単なる創造神、農業神というより、オールマイティな神さまなのです。

大国主命は「大国さん」として親しまれていますが、大国さんを「だいこくさん」というところから、七福神の大黒さま（大黒天＝138ページ参照）と結びつき、多くの人の信仰を集めるようになりました。ですから、農業神から次第に福の神としての性格を強めていき、江戸時代になって農村にも貨幣経済が浸透してくると福の神としての大国信仰は大きく広がっていきました。

大国さんは出雲《いずも》大社をはじめ、青森県の岩木山《いわきやま》神社、石川県の気多《けた》神社、東京・府中《ふちゅう》市の大國魂《おおくにたま》神社などが知られています。ご利益は広範囲にわたりますが、そのなかでも、とくに商売繁盛、開運招福、家内安全、縁結び、勝利祈願などに効験があるとされています。

素戔嗚尊《すさのおのみこと》

国家安泰、五穀豊穣、家内安全、交通安全、商売繁盛、学力向上、縁結び、厄除け

■八岐大蛇《やまたのおろち》を退治して一躍、神話の英雄に

素戔嗚尊は須佐之男命とも書き、『日本書紀』では伊弉諾尊《いざなぎのみこと》・伊弉冉尊《いざなみのみこと》（175ページ参照）の子供として、また『古事記』では伊弉諾尊の禊《みそ》ぎのとき天照大神（164ページ参照）、月読命《つくよみのみこと》の日月神とともに生まれたとされる、日本神話の主役をになう重要な神さまの一人です。

父に命じられた「海原の国」を治めようとせず、亡き母がいる「黄泉《よみ》の国」に行きたいと泣いてばかりいたため、父に追放されてしまいます。

素戔嗚尊は、そのいとまごいのために高天原《たかまがはら》にいる姉の天照大神に会いに行きますが、天照大神は素戔嗚尊の粗暴な振る舞いを恐れ、武装をして迎えます。素戔嗚尊は、心の清明を明かすために誓約をしますが、すぐに本性を表して暴れまわります。

ついには、天照大神が神に奉る神衣を織る機屋《はたや》に、皮をはいだ馬を投げ入れるという乱暴を働き、それに驚いた織女が死ぬという事件を起こしました。

これを見た天照大神は、素戔嗚尊の暴力から逃れようと天の岩屋に隠れてしまったのです。そのため、世界中が暗っ暗闇になってしまいました。

この罪によって、素戔嗚尊は八百万《やおよろず》の神々に罰せられ、髪を切られ、ヒゲも抜かれ、手足の爪も抜かれて高天原から追放されたのです。

そして、根国に赴《おもむ》く途中の出雲国で、あの八岐大蛇《やまたのおろち》と戦います。八岐大蛇とは、体は一つで頭と尾が八つあり、目はほおずきのように赤く、体にはコケやスギ、ヒノキなどの木も生え、長さは八つの谷と八つの峰にわたるほど大きく、その腹にはいつも血が流れ、真っ赤にただれているというものでした。この恐ろしい大蛇が毎年現れては、娘を一人ずつ食べてしまうというのです。

素戔嗚尊は、この八岐大蛇に酒を飲ませて酔わせ、酔いつぶれて寝込んだところを切り刻んで退治したわけですが、大蛇の中から一振りの太刀が見つかりました。

この太刀を「天叢雲剣《あまのむらくものつるぎ》」と命名し、のちに高天原の天照大神にお詫びとして献上しました。この剣が、三種の神器の一つである「草薙剣《くさなぎのつるぎ》」なのです。

それはともかく、素戔嗚尊は八岐大蛇を退治して以来、一躍、神話の主役、英雄となっていきます。

素戔嗚尊を祀っている神社は、京都の八坂《やさか》神社、埼玉県の大宮氷川《おおみやひかわ》神社をはじめ、全国の氷川神社、八雲《やくも》社、天王《てんのう》社、祇園《ぎおん》社と呼ばれる神社です。

素戔嗚尊は、昔から農業神や厄除《やくよ》けの神さまとして信仰されてきました。そのほかには、国家安泰、家内安全、交通安全、商売繁盛や学力向上、縁結びなどにもご利益があるとされています。

少彦名命《すくなびこなのみこと》

五穀豊穣、商売繁盛、開運招福、家内安全、縁結び、勝運上昇

■大国主命《おおくにぬしのみこと》と並び称される神さま

スクナヒコネ、スクナヒコ、スクナミカミともいわれ、『日本書紀』では高皇産霊《たかみむすびの》神《かみ》の子、『古事記』では神産巣日神《かみむすびのかみ》の子とされています。粟茎《あわがら》に弾《はじ》かれて淡島（淡路《あわじ》島《しま》）から常世国《とこよのくに》（はるか遠いところにある国、不老不死の国とも死者の国ともいわれていた）に至ったと語られたり、ガあるいはミソサザイの皮を着て海上を出雲の美保《みほ》

関に寄りついたともいわれていますので、この神は常世国から来た小さな神さまであるとされています。

国造りの神として大国主命《おおくにぬしのみこと》（大己貴神《おおなむちのかみ》）と並び称されますが、少彦名命は種に関連し、大国主命は農業技術や労働に関連しているといわれていますので、少彦名命は粟《あわ》作以来の穀霊だったと考えられています。

しかし、いまでは大国主命とともに、医業・温泉・酒造りの神さまとして広く信仰されています。

神田《かんだ》祭りで有名な神田明神（神田神社）は、はじめは平将門《たいらのまさかど》の霊を祀《まつ》っていましたが、のちに常陸《ひたち》国（茨城県）の大洗磯前《おおあらいいそさき》神社から少彦名命を祭神として迎え入れました。ご利益には、五穀豊穣、商売繁盛、開運招福、家内安全、縁結び、勝運上昇などがあるといわれています。

伊弉諾尊《いざなぎのみこと》・伊弉冉尊《いざなみのみこと》

夫婦和合、安産、子育て、縁結び、出世開運、商売繁盛、豊作大漁

■神々や国々を生み出した創造神

記紀神話に登場する創造神で、伊邪那岐命・伊邪那美命とも書きます。この二神は磤馭慮島《おのごろじま》に降り、柱の周りを回りながら愛の言葉を交わし結婚します。伊弉冉尊はたくさんの神々や国を生みますが、最後に火の神を生んだため焼け死に、黄泉《よみ》の国《くに》（死者の国）へ旅立ちます。

伊弉諾尊は妻のことが忘れられずに黄泉国まで追いかけていきますが、見てはいけないという妻の骸《むくろ》を見たために二神の間で争いが起こり、憎しみ合って別れます。

黄泉国の穢《けが》れを清めるため、伊弉諾尊は筑紫《つくし》（九州）の阿波岐原へ行って禊《みそ》ぎ祓《ばら》いをしますが、そのときに多くの神々が生まれ、最後に天照大神、月読命、素戔嗚尊の三貴子が左右の目や鼻から誕生しました。そののち、伊弉諾尊は淡海の多賀《たが》に鎮《しず》まったとされています。伊弉諾尊が亡くなったとされる淡路島の伊弉諾神宮をはじめ、埼玉県秩父《ちちぶ》にある三峯神社は、日本武尊《やまとたけるのみこと》が東征の折に伊弉諾尊・伊弉冉尊を祀ったと

いわれています。

ご利益としては、国や神を生んだ神さまということから、夫婦和合、安産子育て、縁結び、出世開運、商売繁盛、豊作大漁などがあるとされています。

建御名方神《たけみなかたのかみ》

五穀豊穣の神さま

■長野県・諏訪上社の祭神

建御名方神は大国主命《おおくにぬしのみこと》（168ページ参照）の子供といわれ、長野県の諏訪上社の祭神です。『古事記』の国譲りの話のなかで、建御名方神は父・大国主命の武力を代表する神として、建御雷之男神《たけみかづちのおのかみ》に手づかみ比べを挑みましたが敗れて、信濃国（長野県）の諏訪湖に逃げました。

しかし、建御雷之男神に追い詰められ、まさに打ち殺されんとしたとき、父や兄・事代主命《ことしろぬしのみこと》の命に背《そむ》かないこと、この地以外に出ないことを誓って、命だけは助けられたという話です。しかし、建御名方神は本来は出雲には関係のない神さまで、この神話は、諏訪の新来神である建御名方神と、地主神の守矢神や手長足長（65ページ参照）の神との闘争神話を転用したものだという説もあります。

また『景行記』四十年に、信濃坂で白鹿となって出現し、日本武尊《やまとたけるのみこと》に殺された山神も諏訪の神さまともいわれています。この神さまは、古くは狩猟の神とされ、次第に農耕神的性格を帯び、中世には武力の神さまとしても信仰されるようになりました。諏訪湖は冬になると湖面が凍り氷脈（湖面や海面上の氷が圧力によって押し上げられたりしてできた山脈状・壁状の部分）が現れることがありますが、これを御神渡《おみわた》りといい、諏訪大社の上社と下社を神さまが渡られるといわれています。

牛頭天王《ごずてんのう》

厄病除けにご利益

■素戔嗚 尊《すさのおのみこと》の化身ともいわれている

牛頭天王は薬師如来《やくしにょらい》（204ページ参照）を本地仏とし、また素戔嗚尊の化身ともされています。京都・八坂神社（祇園社）の祭神で祇園天神ともいいます。

牛頭天王はインドでは武塔太子と呼ばれ、「諸行無常の鐘の音」で知られる祇園精舎《しょうじゃ》の守護神ともされています。

この牛頭天王が后《きさき》を求めて旅をしている途中、巨旦将来《こたんしょうらい》と蘇民《そみん》将来という兄弟に出会いました。そして、兄の蘇民将来の歓待に牛頭天王はおおいに喜び、牛王芽の輪を与え、蘇民将来の子孫に対する無病平安・延命長寿を誓いました。

この話が陰陽 師《おんみょうじ》などによって伝えられ、日本で厄除けの神さまとみなされるようになりました。

牛頭天王が素戔嗚尊の化身とされたのは、天上を追放されて旅に出た素戔嗚尊の話と牛頭天王の話が似ていたところからきたようです。

牛頭天王

日本三大祭りの一つである祇園祭りは、牛頭天王を祭神とする京都・八坂神社のお祭りで、厄病除けのご利益があるとされています。

そのほか、厄病除けの夏祭りとして全国的におこなわれている天王祭の天王も、牛頭天王のことです。また、蘇民将来は小正月に護符《ごふ》や六角の柳製のものとして全国の社寺で厄除けとして配られます。

愛宕《あたご》さま

火伏せ、防火の神さま

■勝ち戦を祈願するなら愛宕さま

「愛宕さま」は、火伏せ、防火の神さまとして民間に広く信仰されてきました。総本社は、京都・愛宕町の愛宕神社です。

この愛宕神社は、都に疫病神《やくびょうがみ》が侵入するのを防ぐために、塞《さえ》の神を祀《まつ》った場所ともいわれていますが、本社には伊弉冉尊《いざなみのみこと》（175ページ参照）、アメノクマヒトノミコトなど五座が、若宮社にはカグツチノカミ、イカズチノカミ（雷神）、破无神《はむしん》の三座が祀られています。

ところで、「あたご」の名の由来には、いくつか説があるようですが、一つには、祀られているカグツチノカミが火の神であったために、生まれてくるときに、母神で母神である伊弉冉尊を焼死させてしまい、仇子《あだご》となったことから、その名がついたといいます。

また、神仏習合に伴って修験者の霊場として栄えてから、祭神が天狗（97ページ参照）の姿をしていたと信じられていたため、誰もが恐れていたといいます。そのため、本地仏として勝軍地蔵を祀って祈願すればかならず戦に勝つとして、武将の間にも信仰が広まっていきました。徳川家康《とくがわいえやす》が、江戸は芝桜田山（現在の東京都港区・愛宕山）に、愛宕さまを勧請《かんじょう》したのは有名です。

子《ね》の権現《ごんげん》

腰痛、リューマチ、神経痛、脚気など
足腰の病気に霊験あらたか

■ネズミの姿となって現れた神さま

権現とは、神さまや仏さまが民衆を救うために仮（権）の姿をとって現れることという意味です。ですから「子の権現」とは、人を助けるために子（ネズミ）の姿となって現れた神さまや仏さまのことをいいます。

ご利益は、腰から下の病気、たとえば腰痛、リューマチ、神経痛、脚気、膝痛などに効くというものです。

なぜ、子（ネズミ）が足腰の病気に効き目があるかは、記紀神話の大国主命《おおくにぬしのみこと》（168ページ参照）の話からきているようです。大国主命は、兄の八十神たちにだまされて苦しんでいた一匹の白兎を助けるという「因幡《いなば》の白兎《しろうさぎ》」の話で有名です。

この大国主命は、神話随一の旅行家で日本中を旅しています。旅行といっても、昔は自分の足で歩いていかなければなりません。日本全国を旅するということは、それだけ足腰が丈夫だということです。

それに加えて、大国主命が旅先でいろいろな試練にあったとき、かならず最後にネズミに助けられるというところから、「子の権現」は足腰を守ってくれるという民間信仰が生まれたといわれています。

天神《てんじん》さま
知らない人はいない学問、受験の神さま

■天神さまとは平安時代の歌人・菅原道真《すがわらのみちざね》のこと

○○天神、○○天満宮といわれる神社の祭神は、平安時代の政治家であり、文人、学者としても名高い菅原道真です。

学問や文才に優れた菅原道真は、その才能と醍醐《だいご》天皇の重用もあって右大臣にまで昇進しました。しかし、道真の栄進をねたむ連中も多く、彼らの中傷によって道真は九州の太宰府の大宰権帥《だざいのごんのそち》に左遷《させん》され、二年後、望郷の思いにかられながら、配所である太宰府で亡くなりました。

その後、京の都では落雷、地震、洪水、火災などの異変が相次いで起こり、また道真の左遷に関与した人たちが不幸な死に方をするなど、不吉な出来事が続出しました。

都の人たちは、こうした不吉な出来事は道真の祟《たた》りだとして恐れました。そこで、朝廷では道真の怨霊《おんりょう》を鎮《しず》めようと、道真が葬られている太宰府安楽寺を整備造営したり、京都の北野《きたの》に神殿を造って道真の霊を祀《まつ》ったのです。

すると、道真の祟りとされていた天変地妖《てんぺんちよう》や貴族や公家などの怪死がぴたりとおさまったので、京都の北野と九州・太宰府の天満宮を拠点として天神信仰が全国各地に広がりました。

菅原道真は、文学にとりわけ優れ、また書道にも抜きんでた才能がありましたので、文学の神さま、詩文の神さま、書道の神さまとして崇《あが》められるようになりました。中世以降はそれに加えて正直の神さま、至誠《しせい》の神さまともされました。

また、京都の北野は古来から、農業に関連しての雷神（107ページ参照）を祀る祭場であったことから、火雷《ほのいかずち》天神と呼ばれて農業と結びつけて信仰され、田の神（112ページ参照）として祀られる地方の東北や北陸など、道真に関係のない地方にも広がっています。

天神さま

しかし、近世になって庶民の間にも学問をする風潮が広がっていくとともに、雷神とか正直の神さまという性格は隅に追いやられ、もっぱら学問の神さま一辺倒になってきました。

最近では、受験戦争という世相を反映して、受験の神さまとして信仰されるようになっています。受験シーズンともなると、北野天満宮や太宰府天満宮、東京の湯島天神など各地の天満宮や天神の境内は、合格祈願の学生や父兄などでたいへんなにぎわいをみせ、合格を祈る絵馬が所狭しと奉納されています。

また、太宰府天満宮を模して造営された東京の亀戸天神では、毎年一月二十四日と二十五日に「鷽替神事《うそかえしんじ》」（48ページ参照）がおこなわれます。これは「凶もウソとなり吉にかわる」ということから、前年のウソ鳥を社殿に納め、新しいウソ鳥を持ち帰るというものです。これは、道真が正直の神さまであるところからきているのでしょう。

金毘羅《こんぴら》さま

海を守るワニの神さま

■金毘羅とはワニのこと

約一キロにおよぶ長い石段で有名な香川県の金刀比羅宮《ことひらぐう》は、古くから「讃岐《さぬき》の金毘羅さま」とか「こんぴらさん」と呼ばれて、信仰や観光の中心地として親しまれてきました。

日本各地の神社には、キツネやイヌ、ヘビなど、さまざまな動物が神さまとして祀《まつ》られていますが、この金毘羅さまも、じつは動物なのです。

金毘羅とは、サンスクリット語のクンピーラを音訳したもので、ガンジス川に住むワニのことで、古くから仏教の守護神として崇《あが》められていたのです。

この金毘羅さま、海上の安全を守る金刀比羅大権現として、海運業にたずさわる人をはじめ、多くの人の信仰を集めています。現在では、ほとんど見られなくなってしまいましたが、昔は参詣したくてもできない人が、名を記した材木や樽を河川に流すと、それを海で発見した船が金毘羅さままで届けたといわれています。

また、東京・港区虎《とら》ノ門《もん》にある金刀比羅宮は、航海の安全を守る大国主命《おおくにぬしのみこと》（168ページ参照）と崇徳《すとく》天皇が祀られていますが、官庁やオフィス街ということもあって、金運、商売繁盛にご利益があるそうです。

八幡大菩薩《はちまんだいぼさつ》

国家鎮護、開運厄除、安産、子育て

■昔は武士の神さまだった

八幡さまと親しまれている神社は、それこそ日本全国の町内それぞれにあるといったらオーバーかもしれませんが、日本人だったら誰もが八幡さまのお祭りに行ったことがあるでしょう。

それもそのはず、八幡と名のつく神社は、日本全国の神社の三分の一以上も占めているのです。日本有数の神社といっても過言ではありません。

八幡さまとは八幡大菩薩とも称し、古くから菩薩号を有する神さまのことです。八幡神社の本宮は大分県宇佐《うさ》市にある宇佐神宮で、祭神は応神《おうじん》天皇、比売大神《ひめおおかみ》、神功皇《じんぐう》后の三神とされ、欽明《きんめい》天皇の時代に託宣《たくせん》（神がお告げをすること）があって、八幡神と自称するようになりました。

この三神のなかで八幡神は応神天皇であると説明されていますが、それは応神＝王神で、神の子を意味するためだといわれています。そのほかにも八幡の神名には、さまざまな言い伝えがあります。

まず、応神天皇が降誕する際に、天から八流の幡が降ってきたというものです。

また、ヤハタという地名に由来するというもの、イワヤタ・ワタツミの神という海神からきたというもの、さらには、帰化氏族である秦《はた》氏に関係した神であるという説もあります。

宇佐神宮は七一二年（和銅五年）に官社となり、東大寺の大仏建立《こんりゅう》に協力して、その鎮守《ちんじゅ》となり、以後、国分寺を通じて八幡神は全国的に信仰されるようになりました。東大寺大仏建立の際、それを援助するために、八幡神は天皇と同格の鳳輦《ほうれん》に乗って入京したという言い伝えがあり、八幡神の格の高さを示す一例ともいえましょう。

また、僧道鏡《どうきょう》が天皇になろうという野心を起こしたとき、宇佐神宮から「皇位」

につけという託宣があったというウソをついたエピソードも残っています。

この八幡神に七八一年（天応元年）菩薩号が贈られ、岩清水八幡宮に勧請《かんじょう》されると、皇室の太祖、第二の宗廟《そうびょう》と仰がれました。その後、清和《せいわ》源氏の氏神として、源《みなもとの》頼義《よりよし》、義家《よしいえ》、頼朝《よりとも》などによって分霊勧請がおこなわれ、鎌倉幕府が開かれると鶴岡《つるおか》八幡宮が勧請され、それからは国家鎮護と同時に武士の神さまとして信仰されるようになりました。

テレビや映画などの時代劇で、武士が出陣するとき、「南無八幡大菩薩……」と祈るシーンを見たことがあると思いますが、八幡さまは武士の神さまであり、守り神でもあったからです。このような神さまですから、国家鎮護のほか、厄除《やくよ》け、安産、育児など幅広いご利益があるといわれています。

釈迦如来《しゃかにょらい》

人生のすべての悩み苦しみを解決してくれる

■インドに生まれた仏教の創始者

釈迦如来、つまり、お釈迦さまはご存じのように仏教の創始者です。他の仏や菩薩、観音といったものが、すべて架空の存在なのに対して、お釈迦さまは実在した人間です。

この、お釈迦さまが実在したことがはっきりしたのは、わずか百年ほど前のことなのです。十九世紀には、啓蒙思想などの影響から実在が疑われ、神話や伝説の類《たぐい》だと思われたこともありました。

ところが、一八九八年に、ネパールの南のインド国境に近いところで、一つの蠟石《ろうせき》でできた壺《つぼ》が発掘されました。

その壺の表面に刻まれた紀元前三世紀以前の文は、「これは釈迦族の仏、世尊《せそん》の遺骨の器で、名誉ある兄弟姉妹妻子たちの（奉納）」と解読されました。

この文の内容は原始経典の記載と一致し、古い伝承が確認されたわけです。

そのほか、一八九六年に発見されたアショカ王の碑文《ひぶん》は、お釈迦さまの誕生した土地であるルンビニーを裏づけ、のちに、そのほかの骨壺も発掘され、お釈迦さまの実在は不動のものとなったのです。

お釈迦さまがいつ生まれたかについては、はっきりした年はわかっていません。学問的には、仏滅、つまり、お釈迦さまが亡くなられたのは、紀元前四八六年頃と紀元前三八三年頃という二つの説が有力だそうです。

八十年の生涯は確実だそうですから、紀元前四八六年説をとれば生誕は紀元前五六六年となり、紀元前三八三年説をとれば紀元前四六三年ということになります。

その頃、中国は周王朝の時代で、あの孔子《こうし》も諸説はありますが、お釈迦さまと同じ頃に生まれたとされています。日本はといえば、まだ縄文時代でした。

それはともかく、お釈迦さまはネパール南部がインド大平原に連なるあたりに位置したカピラ城を中心とした釈迦族の小国があり、その国王の浄飯王《じょうぼんのう》の長子として生まれました。

お釈迦さまというい方は、この種族名に由来しており、尊称して釈迦牟尼《しゃかむに》（牟尼＝ムニは聖者という意味）と呼ばれ、それを漢訳すると釈尊《しゃくそん》となります。

釈迦如来

正しくは、姓はゴータマ、名はシッダルタといいますが、一般には、悟った人を表す普通名詞を固有名詞化して、仏陀《ぶっだ》、または仏と呼ばれています。

■天上天下唯我独尊《てんじょうてんがゆいがどくそん》

お釈迦さまの生涯に関してはさまざまなエピソードがあります。その多くは、後世の人たちがつくったものだといわれていますが、誕生したとき、お釈迦さまは右手で天、左手で地を指し、「天上天下唯我独尊」と言ったというのです。

天上天下唯我独尊とは、「この世界に自分より尊い存在はない」という意味ですが、この天と地を指している像を誕生仏といって、お釈迦さまの誕生日といわれる四月八日におこなわれる灌仏会《かんぶつえ》には、誕生仏に甘茶をかけてお祝いする行事が、いまでも全国各地のお寺でおこなわれています。

生まれたばかりの赤ん坊が、すぐに立ち上がったり、言葉をしゃべるわけがありませんので、お釈迦さまを神聖化するためにつくられた話だとわかりますが、こうした話は聖人や偉人といわれる人たちにはついてまわるようです。

お釈迦さまは、母の摩耶夫人《まやぶにん》が出産のために実家（摩耶夫人は隣国の拘利《こくり》国王の娘）

に帰る途中に生まれたといわれています。

いまでいえば、かなりの早産だったようで、それが直接の原因かどうかはわかりませんが、母の摩耶夫人はお釈迦さまを生んで七日目に亡くなってしまいます。以後は母の妹、つまり叔母によって育てられます。小国とはいえ一国の王子ですから、何不自由することなく成長しました。

しかし、物質的には恵まれていたものの精神的には内向しがちだったそうです。それには、母の死というものが大きな影響を与えたといっても言いすぎではないでしょう。

そしてもう一つ、お釈迦さまが世の中の無常を感じた、次のような少年時代のエピソードがあります。

カピラ城には、東西南北に四つの門があって、お釈迦さまは毎日、その四つの門の上に立って、城の外にいる人々の暮らしを見ていました。

そこで、お釈迦さまは人間の根源的な苦しみを見たのです。北の門では「生みの苦しみ」を、東の門では「老いの苦しみ」、南の門では「病の苦しみ」、西の門では「死の苦しみ」――を。

これを四苦といい、これに愛別離苦《あいべつりく》（愛する人と別れる苦しみ）、怨憎会苦《おんぞうえく》（怨《うら》んだり憎んだりしている人と会う苦しみ）、求不得苦《ぐふとくく》（欲しいものが手に入らない苦しみ）、五陰盛苦《ごおんじょうく》（肉体や精神に関するあらゆる苦悩を受けること）の四つを合わせて八苦といいます。

四苦八苦という言葉は、このお釈迦さまのエピソードから生まれたもので、たくさんの苦しみに打ちひしがれ、のたうちまわっていることを意味します。

■地位や財産、妻子も捨てて出家する

こうして、お釈迦さまは人間の根源にひそむ苦の問題に思いを深め、苦しみの本質の究明と、その苦しみから人々を救うためにはどうしたらいいのか考えつづけます。

そこで出した答えは「出家」でした。一国の王子という地位も名誉も財産も、また、愛《いと》しい妻や子供など、一切のものを捨てて修行の旅に出たのです。お釈迦さまが二十九歳のときでした（十九歳という説もあります）。

有名な仙人に禅定《ぜんじょう》を学んだり、山林にこもって数々の難行苦行《なんぎょうくぎょう》に専念しました。極度の断食のため、骨と皮ばかりの体になっても六年（七年という説も）もの間、苦

行に取り組みましたが、悟りを得ることができません。

苦行を放棄したお釈迦さまは、山林を出て川で身を清め、村の少女から乳粥《ちちがゆ》の施しを受けて休力の回復を待ち、ブッダガヤの菩提樹の下に座って瞑想《めいそう》にふけり、七日目の明け方に、ついに大いなる悟りを開いて「仏陀《ぶっだ》」となられたのです。

仏陀になられてからも、お釈迦さまは一カ所に留まることなく、インド各地を旅して教えを説いて歩きました。

王様だろうと、金持ちだろうと、庶民であろうと、請《こ》われるままに教えを説き、彼らのさまざまな問いに、わかりやすく丁寧に答えていきました。無学な人たちには卑近な譬《たと》え話を、学問のある人たちには壮大な宇宙論まで展開するというように、人々の機根《きこん》（仏の教えを聞き、悟りを開くための基盤となる宗教的性質・能力）に応じて、仏の悟りを語っていったのです。

その間、弟子もたくさん増えましたが、お釈迦さまは教団をつくったり、新宗教を喧伝《けんでん》したりするという意図はまったくなく、一人でも多くの民衆を苦しみから救うため、涅槃《ねはん》（死）の寸前まで歩き回り、説法をつづけたのでした。

■すべての人には仏性《ぶっしょう》がある

八十歳になったお釈迦さまは、クシナガラの郊外の沙羅双樹《さらそうじゅ》の下で入滅しますが、そのとき、弟子たちに残した言葉が『涅槃経《ねはんぎょう》』というお経にまとめられています。

そのなかで、よく知られている言葉は、「みずからを灯明とし、みずからをよりどころとして他人をよりどころとせず、法を灯明とし、法をよりどころとして他のものをよりどころとせず」というものです。

入滅後、お釈迦さまの遺体は火葬にされ、遺骨（仏舎利《ぶっしゃり》）は十カ所に分配され、ストゥーパ（塔）を立てて供養されました。

お釈迦さまの教えは、入滅後に弟子たちが集まり、お釈迦さまの言行を編集（仏典結集《けつじゅう》）し、それが口受《くじゅ》によって伝承され、各地に伝えられていったのです。

お釈迦さまの教えを簡潔にいってしまうと、すべてのものには仏性（仏になる可能性）があるというものです。つまり、人間というのは一切平等であり、地位や肩書き、性別、財産や知識の有無で差別するものではないということを徹底して説きました。それも難しい言葉ではなく、相手に合わせて臨機応変に法を説いたのです。

いってみれば、お釈迦さまは広大無辺な慈悲の体現者であり、しかも、瞬時も休むことなく、また一カ所に留まることなく、一人でも多くの人を救おうと民衆の真っ只中に入って教えを説きつづけた実践の人、行動の人なのです。

淡島《あわじま》さま

腰から下の婦人病や安産、子授け、縁結びから子育てまで、女性には心強い神さま

■全国各地で女性に人気の神さま

「淡島さま」は、「粟島さん」とも「淡路明神」とも呼ばれていますが、全国各地の淡路神社や淡路堂に祀《まつ》られ、婦人病でもとくに腰から下の病や、安産、子授け、縁結びから子育て、また海上安全などにご利益があると信仰を集めています。

もともとは、和歌山県の加太《かだ》神社に祀られていた神さまですが、半僧半民の者たちが、この淡島さまを説いてまわったことから、全国各地に淡路神社や淡路堂が建てられ、信仰が広まったとされています。

この加太神社では、小さな赤い紙人形を婦人のお守りとして配っていますが、三月

三日の雛《ひな》祭りの日の雛流しも有名で、多くの参拝者が全国から集まってきます。

熊本県の粟島神社に祀られている淡島さまも、同様のご利益があることで知られていますが、こちらは、境内に大人がやっとくぐり抜けられるくらいの小さな鳥居が三基あり、その三基ともくぐり抜けられれば、病苦からもくぐり抜けられるという言い伝えでも有名です。鳥居の下にはゴザも敷かれているので、チャレンジする参拝者もたくさんいるようです。

大日如来《だいにちにょらい》

開運厄除、眼病平癒、安産、子育て

■真言密教の本尊である根本仏

よく知られている奈良・東大寺《とうだいじ》の大仏さまが、大日如来です。そして、大日如来は、真言密教の教主・本尊でもあります。

「大日」とは、サンスクリット語ではマハーバイローチャナといい、「偉大な輝くも

大日如来

の」という意味になります。

したがって、大日如来とは、すべてを照らす太陽の光と一切の人々を救う如来の智《ち》慧《え》の光をもった仏さまのことを表していましたが、のちにすべての仏さまや菩薩を生み出す宇宙の根本仏となりました。

ちょっとむずかしくなりますが、大日如来にも胎蔵界《たいぞうかい》と金剛界《こんごうかい》の二種類があって、胎蔵界の大日如来は菩薩形をしており、手には法界定印《じょういん》を結び、結跏趺坐《けっかふざ》していま す。

一方、金剛界の大日如来の姿は、頭は垂髪《すいはつ》で、五智の宝冠を載せており、天衣を着ています。手には智拳印《ちけんいん》を結んで、胎蔵界と同じく結跏趺坐《けっかふざ》をしています。

宇宙の根本の仏さまですから、どんな願いでもかなえてくれるといいますが、お寺によっては、眼病に効くとか、安産、子育てにご利益があるとか、なかにはガン封じや中風除けにご利益があるとされている大日如来もあるそうです。ふつうは、開運厄除を祈願するのが多いといわれています。

阿弥陀如来《あみだにょらい》

延命長寿、無病息災、家内安全

■極楽浄土にいるという仏さま

西方十万億土にあるという極楽浄土にいる仏さまが阿弥陀如来です。南無阿弥陀仏という称名を称《とな》えると極楽往生できるとする、浄土教の仏さまでもあります。

はるか遠い昔、世自在王《せじざいおう》という仏さまが出現されたとき、阿弥陀如来は法蔵比丘《ほうぞうびく》という菩薩でしたが、無上の悟りを得ようと発心し、生きとし生ける者を救済するための本願（誓願＝誓い）をたてました。

そして、五劫《こう》という途方もなく長い間修行を重ね、ついにその本願と修行を成就して、いまから十劫というはるか以前に仏さまとなって、現在も極楽浄土で教えを説いているとされています。

阿弥陀信仰はインドからアジア全域に広まり、とくに中国と日本では、念仏によって阿弥陀如来の浄土に往生して悟りを得ることを願う浄土門の教えが、仏教のなかでも大勢の信者を獲得する最大の宗派となりました。

有名な奈良・東大寺の大仏は毘盧遮那仏《びるしゃなぶつ》といって密教の仏さまである大日如来（200ページ参照）をあらわしたものですが、鎌倉の長谷《はせ》寺の大仏は阿弥陀如来をあらわしています。極楽往生はいうまでもなく、そのほかにも延命長寿、無病息災、家内安全などのご利益があるとされており、広く信仰されています。

薬師如来《やくしにょらい》

病気平癒（眼病）、開運厄除、安産、子育て、家内安全、心願成就

■病気のなかでも眼病に効験あり

薬師如来は、薬師瑠璃光《るりこう》如来、大医王仏などとも呼ばれ、この世界からはるか東にある浄瑠璃《じょうるり》世界に住む仏さまといわれています。

かつて、薬師如来が一菩薩として修行していた頃、すべての人々を病と苦しみから救うために十二の大願を起こしました。

その大願の六番目と七番目に、もし人が体に障害をもっていたり、業病にかかって

阿弥陀如来

いたり、医者からも見放されるような不治の病にかかっていても、自分の名前を聞けばたちどころにその病や苦しみから救われるようにしたいという誓願があります。

このため、薬師如来は民族や宗派を問わず、病気平癒《へいゆ》など現世利益の仏さまとして、広く人々の信仰を集めるようになりました。

薬師寺をはじめ、○○薬師というお寺は全国にたくさんあり、江戸時代以降は病気のなかでも、とくに眼病に効験があると信じられています。

東京では西武線の駅名にもなっている新井《あらい》薬師（梅照院）には、二代将軍・徳川秀《ひで》忠《ただ》の娘が眼病を患《わずら》い、新井薬師に祈願したところ、たちまち全快したという言い伝えがあります。

そのほか、安産、子育て、開運厄除、家内安全、心願成就などのご利益があるとされています。

薬師如来

弥勒菩薩《みろくぼさつ》

お釈迦さまによって予言された未来仏。
未来の人々を救うとされている

■今は衆生を救うために待機している間とか

お釈迦さまの入滅から五十六億七千万年後に下界に降り、仏となって衆生を救うとされているのが弥勒菩薩で、現在は、兜率天《とそつてん》（六欲天の下から四番目の天）で待機中といわれています。

弥勒という名前は、一般にサンスクリット語のマイトレーヤの訳語とされていますが、直接にはインドのクシャン朝の貨幣に現れるミイロに由来するといわれています。

弥勒信仰は、仏教教理のうえでは、『弥勒上生経《じょうしょう》』と『弥勒下生経《げしょう》』の二種類があり、弥勒が待機している兜率天に死後往生するという上生信仰と、弥勒が出現する三会《さんね》の暁《あかつき》までじっと待つという下生信仰があります。

日本では先に上生信仰が広まり、これは奈良・平安時代と通じて、とくに公家社会の間で盛んになりました。下生信仰が広まってきたのは、十五〜六世紀、ことに戦国時代末期であり、なかでも東国での信仰が顕著でした。

弥勒菩薩

日本の弥勒信仰は、まず法相宗にはじまり、次いで真言宗の普及とともに民間に広まりました。とくに真言宗系の聖《ひじり》たちの入定《にゅうじょう》信仰には、弥勒世に対する信仰が裏づけにあるとされています。

弥勒菩薩像は、兜率往生を願う弥勒上生信仰から平安時代の貴族によって多数つくられました。奈良の室生《むろう》寺にある弥勒菩薩がその一つですが、檀像様彫刻の典型的な遺品とされています。また、奈良の中宮《ちゅうぐう》寺と京都の広隆《こうりゅう》寺にある弥勒菩薩像も、その名が広く知られています。

観音菩薩《かんのんぼさつ》

どんな願いでもかなえてくれる
広大な慈悲をもつ仏さま

■さまざまに姿を変え人間を救ってくれる

観音菩薩は、サンスクリット語ではアパローキテーシュバラといい、観世音、観自在、観世自在、光世音などとも訳されます。

観音菩薩の民衆を救おうという慈悲はきわめて広大で、火事・水難などの災害や詐《さ》欺《ぎ》・盗難などの被害から守ってくれるのをはじめ、病気平癒《へいゆ》、健康長寿はもちろん、邪《よこしま》な欲望などの煩悩《ぼんのう》という精神的苦悩からも解放してくれるなど、どんな願いでもかなえてくれるといわれています。

観音信仰は弥勒信仰（208ページ参照）とならんで古くから民衆の間に広まっていきましたが、その大きな理由は観音菩薩の三十三応化身《おうけしん》の考え方にあるようです。民衆の知識の有無や生活状態などに合わせて、観音菩薩がさまざまなものに姿を変えて法を説くというものです。ですから、古い時代の無学の民衆にも受け入れられたのではないでしょうか。

有名なものとしては、慈悲の仏にふさわしい顔容《がんよう》をした一面二臂《ひ》の姿の「聖《しょう》観音」、頭上に十ないし十一の化仏の面をもつ「十一面観音」（215ページ参照）、民衆の願いをかなえる如意宝珠《にょいほうじゅ》と法輪をもつ「如意輪観音」（214ページ参照）、人身馬頭の「馬頭観音」（220ページ参照）、ふくよかな顔容の女身像であらわされる「准胝《じゅんでい》観音」、民衆救済のあらゆる場合に役立つよう千の手をもつ「千手観音」（218ページ参照）、苦海《くかい》に沈もうとする民衆を救おうとする「不空羂索《ふくうけんじゃく》観音」などがあります。

こうしたさまざまな観音菩薩は、日本全国のお寺に祀《まつ》られていますが、よく知られているのは東京・浅草の浅草寺《せんそうじ》の本尊・聖観音菩薩でしょう。別名・浅草観音ともいわれています。

浅草寺の縁起《えんぎ》によると、六二八年（推古《すいこ》天皇三十六年）に檜前浜成《ひのくまのはまなり》・竹成《たけなり》という漁師の兄弟が、宮戸川（隅田《すみだ》川）で漁をしていたところ、一寸八分（約五・五センチ）の黄金の聖観音像が網にかかり、その観音さまに祈ると魚がたくさんとれたことから霊験あらたかな観音さまとして有名になり、土師《はじの》直中知《あたえなかとも》が自宅を寺として聖観音を安置したのが浅草寺の始まりといわれています。しかし、夢告により聖観音は秘仏とされ、以後、ご開帳はされていません。

また、浅草寺で有名なのは授香場の大香炉でしょう。この大香炉で焚《た》かれている線香の煙を体の悪いところにあてると観音さまの霊験で病気が治るとされています。そのほかにも「なでぼとけ」も安置されています。

七月九、十日に参詣すると四万六千日参詣したのと同じ功徳があると信じられ、当日はほおずき市が立ち、大勢の参詣者でにぎわいます。五月の第三日曜日までの三日間におこなわれる三社祭りは、浅草寺のご本尊である聖観音を感得したという檜前兄

観音菩薩

弟と土師直中知にちなんだお祭りです。

如意輪観音《にょいりんかんのん》

すべての人々の願いをかなえ、
望むものを手に入れられる如意宝珠を持つ

■本尊としているのは奈良の如意輪寺《にょいりんじ》

如意輪観音は、観音菩薩の化身の一種です。いっさいの民衆の願いをかなえさせるという如意宝珠と宝輪を持つため、その名がつけられました。

この如意宝珠は観音の頭上に置かれていますが、いつでも願ったただけ財宝を出すことができるという珠《たま》で、如意宝、如意珠ともいわれます。これは、如意輪観音だけでなく、馬頭観音、地蔵菩薩なども持つといわれていますが、望むものを手に入れることができるだけでなく、悪を根絶し、災いからも守られるというのですから、願えば何でもかないそうな仏さまといえます。

ところで、仏教の尊格は四種類に分けられると考えられています。まず、仏と如来、次に菩薩、そして明王、天の四種です。「仏と如来」は、お釈迦さま（仏陀）、阿弥陀如来、薬師如来などで、「菩薩」は如意輪観音を含む観音菩薩や弥勒《みろく》菩薩、地蔵菩薩、文殊《もんじゅ》菩薩、普賢《ふげん》菩薩、「明王」は、不動明王、愛染《あいぜん》明王、孔雀《くじゃく》明王となり、「天」は梵天《ぼんてん》、帝釈天《たいしゃくてん》、弁才天、吉祥天《きっしょうてん》などです。

ちなみに、この如意輪観音を本尊としているのは、奈良県吉野《よしの》郡の如意輪寺《にょいりんじ》です。

十一面観音《じゅういちめんかんのん》

無病息災、延命長寿、商売繁盛、
家内安全、火災除け、盗難除け

■病気に対しては霊験あらたかな仏さま

観音さまは、いろいろな姿になって人間を救ってくれる仏さまですが、十一面観音も観音さまの代表的な変身した姿です。

十一面観音とは、頭の上に十一の面をもつ観音像で、衆生を仏の悟りに到達させる仏さまといわれています。

頭の上にある十一の小さな面は、慈悲相など仏の相をあらわしているそうですが、頭の上の面と本体の面を加えて十一面とする像をはじめ、面数が異なる像があるのも特徴となっているようです。

坂東三十三カ所観音霊場の第四番札所《ふだしょ》である鎌倉・長谷寺《はせでら》の十一面観音は高さが九メートルもあり、木像観音では日本最大のものです。

七二一年（養老五年）、徳道《とくどう》上人が彫った二体の十一面観音のうち一体は奈良の長谷寺に納め、もう一体を大坂から海に流したところ、十六年後に三浦半島の長井浜《ながいはま》に漂着し、これを安置したのが鎌倉の長谷寺といわれています。

ご利益として、もっとも大きいのが無病息災の功徳とされていますが、そのほかにも延命長寿、商売繁盛、家内安全などにも効験があるとされています。

また、愛知県幡豆《はず》郡の妙善寺は中風除けとガン封じ、長野県東筑摩《ひがしちくま》郡の宗善寺は癩《らい》病（ハンセン病）と労咳《ろうがい》（肺結核）に霊験があるとして昔から有名です。

十一面観音

千手観音《せんじゅかんのん》

延命長寿、無病息災、五穀豊穣、開運厄除、商売繁盛、罪障消滅、怨敵降伏

■詳しくは千手千眼観音という

観音菩薩は、人々を救うためにさまざまに変化しますが、千手観音もその変化像の一つです。

千手観音は、詳しくは千手千眼観音といいます。つまり、五重二十七面の顔と千の慈眼をもち、千の手を動かしてすべての人々を救うという仏さまの大慈大悲の心をあらわしています。

観音菩薩は大きな威神力をもち、人々を救済するという期待が千手観音を設立させたと考えられています。その千手のうち四十二臂《ひ》（ひじ、腕）には印契器《いんげいき》仗《じょう》をもち、九百五十八臂から平掌が出て、宝剣、宝弓、数珠などをもっています。

ふつうは千手もなく、合掌した手のほかに四十本の腕があり、一本が二十五本分をあらわしているものがほとんどですが、唐招《とうしょう》提寺《だいじ》の像のように千本の腕をもつものもあります。

千手観音

さらには二十八部衆という大眷属《けんぞく》（一族、従者）を従えていますが、この二十八部衆は礼拝者を擁護《ようご》するといわれています。

千手観音を本尊として祀《まつ》っているお寺は真言宗や天台宗が多く、延命長寿、無病息災、五穀豊穣、商売繁盛、開運厄除、罪障消滅、怨敵降伏などがご利益とされています。

馬頭観音《ばとうかんのん》

衆生の悩みを食いつくし、救済するのが使命。
世界を駆けめぐり、悟りに導く観音さま

■畜生道にあえぐ衆生の救済にあたる

鋭い三つの眼と火焔《かえん》を放つ口、二本の牙《きば》、獅子のたてがみのような頭髪を持ち、頭上に馬の首を置く姿が特徴的な馬頭観音は、六観音の一つです。サンスクリット語ではハヤグリバといい、その姿はヒンズー教の突迦《とか》女神のアスラ退治神話を素材にしたといわれています。

馬頭観音

馬頭観音には、一面二臂《ひ》、三面四臂、あるいは四面八臂の像があり、形相はかならずしも一定していません。しかし、馬頭の名称には三つの意義があります。

一つは、あたかも馬が大口を開き、草をはむように、衆生の苦しみや悩みを食らいつくすということ。二つめは、飢えた馬が食料となる草を探すのに余念がないように、衆生の救済に専念すること。三つめは、馬が駆けるように、世界の隅々にまで駆けめぐり、従わない者は蹴散《けち》らし、邪悪を踏み砕き、衆生が悟りをすみやかに成就できるよう助けること……ということです。

また、馬頭観音が馬の頭をいだくことと、仏教の六道のうち、畜生道に苦しむ衆生の救済にあたることから、庶民の間に信仰が広まると、馬の守護神としても崇められるようになりました。現在、馬頭観音が安置されている寺として有名なのは、比叡《ひえい》山、東叡山と並び、天台宗の三大本山としても知られる栃木県日光《にっこう》市にある輪王寺《りんのうじ》です。高さ八・五メートルもあるひじょうに大きな馬頭観音は、正面三一メートル、側面二五メートルの巨大な三仏堂に安置されています。

文殊菩薩《もんじゅぼさつ》

受験合格、学力向上、煩悩消滅

■「三人寄れば文殊の智慧」でおなじみ

文殊菩薩は文殊師利《もんじゅしり》菩薩ともいいますが、文殊師利とはサンスクリット語のマンジユシュリーを音訳したものです。

そのほか、文殊尸利、曼珠室利とも書き、妙徳、妙首、普首、敬首、儒首《じゅしゅ》、妙吉《みょうきち》祥《じょう》とも訳します。

インドの古い経典には、文殊菩薩はインドの舎衛《しゃえい》国のバラモンの子として生まれ、後に出家して多くの衆生を教化したと説かれています。

「三人寄れば文殊の智慧」ということわざにもなっているように、般若《はんにゃ》（大乗仏教の悟りの智慧）を体現する菩薩で、博聞《はくもん》第一とされています。

放鉢《ほうはち》経というお経には、「過去無央数《むおうしゅ》（たくさん）の諸仏は皆是《こ》れ文殊師利の弟子、（中略）文殊は仏道中の父母なり」とあります。

また、阿闍世王《あじゃせおう》経には「文殊師利は是れ菩薩の父母なり」とありますし、心地観《しんちかん》経にも「三世の仏母」とあるように、文殊菩薩は成仏に不可欠な般若波羅蜜《はんにゃはらみつ》を体現、つまり悟りを得ているとされているからです。

一般には、普賢《ふげん》菩薩（225ページ参照）とともにお釈迦さまの脇侍《きょうじ》（左脇）として、智・慧・証を司《つかさど》り、智慧の素晴らしさを象徴して獅子《しし》に乗っている姿が知られています。

そして、片手にお経、片手に剣を持っていますが、お経は智慧をあらわし、剣は智慧の発露を邪魔する煩悩《ぼんのう》を断ち切るためだといわれています。

中国では東晋の時代、日本では平安時代以後、文殊信仰が盛んになりましたが、とくに中国の五台山は、華厳《けごん》経に文殊の住処《じゅうしょ》は東北方の清涼山であると説かれていることから文殊菩薩の聖地とされています。日本では、奈良の葛城山を聖地としています。

七月八日におこなわれる文殊菩薩を供養する法会《ほうえ》を文殊会といい、平安時代から始まり、京都の東寺・西《さい》寺の法会が有名です。

文殊菩薩は智慧の仏さまですから、昔から、その智慧にあずかりたいという人が少なくありませんでした。いまでは、受験生が試験の前に「智慧を授けてください」とお願いにいったりするようです。

本来、智慧というのは受験にかかわるような技術のことではありませんが、智慧と知識が混同されて、文殊菩薩が受験の仏さまになってしまったのでしょう。

普賢菩薩《ふげんぼさつ》

延命長寿、無病息災、罪障消滅

■文殊と並び仏教では重要な仏さま

文殊菩薩（223ページ参照）とともに、大乗仏教の経典において重要な位置を占める仏さまで、お釈迦さまの脇侍《きょうじ》です。

文殊菩薩が獅子《しし》に乗って左脇に侍《じ》し、智・慧・証の徳を司《つかさど》るのに対して、普賢菩薩は六牙《ろくげ》の白象に乗って右脇に侍し、理・定・行の徳を司っています。

普賢とは普《あまね》く賢いという意味で、さらに普は普遍・遍満、賢は善の義で、普賢はこの菩薩の徳が全世界に遍満し、しかも善なることをあらわした名号《みょうごう》なのです。

華厳経《けごん》によれば、普賢菩薩は①諸仏に敬礼し、②諸仏を称賛し、③諸仏を供養し、④自ら過去の罪を懺悔《ざんげ》し、⑤諸仏の功徳に心から感謝し、⑥諸仏に説法を誓願《せいがん》し、⑦仏が世に永《なが》らえることを誓願し、⑧つねに仏に従って学び行動し、⑨つねに衆生の救済を実現するように願い、⑩自らの功徳をすべて悟りに振り向ける（回向《えこう》する）という十願を立て、これを完全に実行、実現したとされています。

この十願は「普賢の行願《ぎょうがん》」ともいわれ、自身の悟りと人々の救済を求める菩薩の理想を示すものとされ、さまざまな経典では、一般の人々もそれを追求するよう勧《すす》め、また普賢菩薩の実現した功徳にあずかれると説いています。

普賢菩薩は、密教の胎蔵曼荼羅《たいぞうまんだら》と金剛《こんごう》曼荼羅にも出てきますが、胎蔵曼荼羅を見ると四仏がいてそのまわりに四菩薩がいます。

普賢・文殊・観音（210ページ参照）・弥勒（208ページ参照）の四菩薩ですが、これらは大乗仏教ではひじょうに有名な仏さまです。

一方、金剛曼荼羅になると、これらの菩薩は消えてしまい、普賢菩薩だけが一躍出世して金剛薩埵《こんごうさった》という、大日如来（200ページ参照）と同じくらい位の高い仏さまとなっています。

普賢菩薩の信仰は古くから盛んで、中央アジアの敦煌《とんこう》やクムトゥラの壁画をはじめ、中国・日本では数多くの優れた像画が残されています。日本では、鳥取の豊乗寺の絵像（国宝）が有名です。

密教では、普賢菩薩の延命力をとくに取り上げ、普賢延命菩薩ともいって、延命法の本尊としています。この像は二手、または二十手で、象の上に乗って座っているものが多くなっています。

平安時代以降、公家《くげ》や武家の間では、この普賢延命法という除障《じょしょう》・延命を願う祈禱法がたびたびおこなわれたといわれています。

鬼《き》子《し》母《も》神《じん》

子を失う悲しみを知って
安産、子育ての神さまに

■鬼から仏になった鬼子母神

鬼子母神は、安産、子授け、子育ての守護神として、広く信仰されています。とくに、「恐れ入谷《いりや》の鬼子母神」で知られる東京・入谷（真源寺）や、東京・雑司が谷《ぞうしがや》（法明寺《ほうみょうじ》）の鬼子母神は有名で、法明寺の本堂は、都の文化財にも指定されています。

鬼子母神は、もともとインドのマガダ国に住み、父も母も鬼神、鬼女で、夫も鬼神王であったといわれています。こうした環境のなかで、五百人の子供を持っていた鬼子母神は、子供たちを養うために、王舎城内の子を盗んではわが子に与えていたとも、また、みずから食べていたともいわれています。

それをお釈迦さまが聞き、鬼子母神の子供を隠し、悲しみにくれる鬼子母神に、子供を失う親の悲しみや辛さを教え諭《さと》したため、鬼子母神は、のちに安産、子育ての神さまとなったのです。

奈良時代頃に広まったときは、仏法を守護する諸天善神の一人だと説かれていましたが、平安から鎌倉時代になってくると、貴族たちの間で、子供を守る神として信仰されるようになっていきました。

鬼子母神の像は、ほとんどが右手に子供を抱き、左手にザクロを持って宝宣台に座している天女の姿ですが、ご利益をより高くするために、鬼のように恐ろしい相をした鬼子母神に合掌するところもあります。

鬼子母神

不動明王《ふどうみょうおう》

病気平癒、家内安全、交通安全、航海安全、五穀豊穣、商売繁盛、開運厄除、心願成就

■地獄に堕《お》ちる人をも救う仏さま

「お不動さん」の名前で親しまれている不動明王をお祀《まつ》りしているお寺は日本中にたくさんあります。どこへ行っても、○○不動とか○○不動尊というお寺を見かけるはずです。

不動明王とは、もともとはヒンズー教のシバ神の異名で、それが密教に取り入れられたものです。密教の仏さまである大日如来（200ページ参照）の使いとして憤怒《ふんど》相に化身したとされており、人間のすべての罪障《ざいしょう》（成仏の妨《さまた》げとなる罪業）を消滅させてくれる仏さまといわれています。

不動明王の形像にはいろいろなものがありますが、一般的には炎を背負い、右手に剣、左手に索《さく》（綱）を持ち、顔は怒りの形相をしています。観音菩薩（210ページ参照）や弥勒菩薩（208ページ参照）など、ほかの仏さまはみな一様に優しい顔をしているのに、なぜ不動明王だけが怖い顔をしているのでしょうか。

それは、どんな仏さまにも救われなかった罪深い人間を、最後の最後で救うのが不動明王だからです。

不動明王が背負っている炎は、じつは地獄の業火《ごうか》で、不動明王は地獄の入口で地獄に堕《お》とされる罪深い死者を待ち受けているのです。

つまり、地獄へ堕ちる死者を地獄の入口の前で止めるために待っているわけです。一度堕ちたら、もう永遠に救われることなく苦しみにのたうちまわるといわれているのが地獄です。その地獄に堕とさないために、不動明王は地獄の業火に焼かれながらも、地獄に堕ちるはずだった死者を救うのです。

不動明王の憤怒《ふんど》相、つまり怖い顔には、地獄に堕ちるべき死者の身代わりとなって、みずからが地獄の業火に焼かれるという、慈悲の究極ともいうべき大慈悲の心が隠されているといわれています。

もっとわかりやすくいえば、危険にある子を自分の命を投げ出しても救おうとする親の姿でもあるでしょう。また、不動明王には上下やぶにらみの像もありますが、これは生きとし生けるものへの目配りを表しているそうです。手に持っている剣と索は、衆生の迷いを断ち切るためのものだといわれています。

不動明王像はたくさんありますが、そのなかでも青不動（青蓮院《しょうれんいん》）、黄不動（園《おん》城寺《じょうじ》）、赤不動（高野山明王院《みょうおういん》）の三不動が有名です。

不動明王にお参りする場合は、護摩《ごま》を焚《た》きながらお経を唱えるのが普通で、参詣者は護摩木に自分の願いごとを書いて、それを焚いてもらいます。

地獄に堕ちる人まで救ってくださる不動明王ですから、そのご利益は多岐《たき》にわたっていますが、病気平癒《へいゆ》、家内安全、交通安全、航海安全、商売繁盛、五穀豊穣、開運厄除、心願成就などの願いをかなえてくれるというものが多く、なかには子授けや安産にご利益のある「お不動さん」もあります。

孔雀明王《くじゃくみょうおう》

火の鳥、クジャクが神格化したもの。
すべての災厄から安楽を説く

■精神面への害毒や畏怖《いふ》を取り除いてくれる仏さま

明王のなかでは、もっとも古いといわれているのが、この孔雀明王です。孔雀明王

不動明王

は、もともとはヒンズー教の女神でしたが、クジャクの羽にヘビの毒を除くほか、病気の治癒《ちゆ》力があるという言い伝えから、クジャクが神格化したものと考えられています。また、毒ヘビだけでなく、すべての害毒による畏怖や、とくに精神面の害毒や旱《かん》魃《ばつ》や災難、災害などから安楽を得るといいます。

ところでクジャクには、雷がもたらす雲によってよみがえるとか、雷鳴を聞いてはらむという言い伝えがありますが、手塚治虫《てづかおさむ》の『火の鳥』でも知られるように、クジャクは不死鳥であり、火の鳥、太陽の鳥とされていました。中国でも、王朝のシンボルでもある鳳凰《ほうおう》の「鳳」は、クジャクの姿の象徴といわれています。

京都の仁和寺《にんなじ》に保管されている孔雀明王の図像は国宝に指定されていますが、その姿を見ると、金色のクジャクに乗り、白蓮華の上に結跏趺坐《けっかふざ》しており、不動明王（230ページ参照）や愛染《あいぜん》明王（235ページ参照）の厳しくて恐ろしげな表情とは違い、観音さま（210ページ参照）のような柔和な印象を受けるでしょう。

愛染明王《あいぜんみょうおう》

厳格な表情とは裏腹に
男女間の情愛をあつかう神さま

■悩みを即悟りに変えてくれる仏さま

愛染明王といえば、京都の神護寺《じんごじ》に祀《まつ》られている像がよく知られていますが、この「愛染」とは、人間が持つ愛欲をむさぼる心や、物事に悩んだり、執着し染まってしまう心を、浄菩提心、悟りの境地まで高めた状況をいいます。

これは、仏教の教えである煩悩即菩提《ぼんのうそくぼだい》のことで、人の心も、仏の悟りの智慧に等しいという意味なのです。つまり、愛染明王は、仏教の教えである煩悩即菩提という考え方を象徴した仏といえます。

愛染明王の相は、仏さまや神さまと呼ぶには少々抵抗を感じさせるような厳しく怒った表情をしていますが、平安時代頃から、おもに貴族や武士たちの間に広まっていきました。

愛染明王像は、日輪を光背にし、頭に獅子の冠と天帯をつけ、目は三つ、腕は左右合わせて六本もあり、一度目にしたら忘れられないほどインパクトがあります。

また、左手は上から一本目は拳をにぎり、二本目は五鈷杵《ごこしょ》を、三本目は金剛弓を持っており、右手は上から蓮華、五鈷杵、金剛箭《せん》を持っています。

愛染という文字から、藍《あい》を染める仏さまとして染物業者の間で熱心に信仰されるようになったり、男女の情愛を意味する神さまとして祈願されるようになり、縁結びや水商売の女性の守護神として信じられるようになっていきました。

愛染明王

◆第4章◆

たかがお地蔵!?　されどお地蔵さま

■現世利益が期待できてこそお地蔵さま。数あるなかで、自分に合うお地蔵さまを見つけて

「お地蔵さん」と親しみを込めて呼ばれている地蔵は、正式には地蔵菩薩といいます。サンスクリット語では、クシティガルバという名で呼ばれ、万物一切を包み込み、育《はぐく》む大地の慈悲という意味を持ちます。

お釈迦さまは入滅するにあたり、自分の死後から五十六億七千万年ののち、弥勒菩薩（208ページ参照）が仏となりこの世に出現するという預言を残しました。そのとき、長い期間、仏のいないこの世にあって、六道（地獄・餓鬼・畜生・修羅・人界・天界）の輪廻《りんね》に苦しむ衆生を仏の道に導き、救済することをゆだねられたのが、地蔵菩薩です。

地蔵信仰は中国を経由して日本に伝わり、平安時代に末法思想が生まれ、地獄への恐怖が説かれるようになると、天台宗の僧侶や貴族などを中心に、徐々に信仰されるようになっていきました。

しかし、当時はまだ、地蔵を阿弥陀仏（203ページ参照）の脇役としていたため、地

蔵への信仰は独立してはいませんでした。その後、地方の武士や下級僧侶、民衆に信仰されるようになったのです。

十二世紀前半に成立した『今昔物語集』に、地蔵の徳によって地獄からこの世に蘇生する話が相当数、登場するのをみても、民衆の間にかなり深く地蔵信仰が浸透していたことがわかります。

信仰の広がりとともに、地蔵のとらえかたも変化し、この頃から、六道のそれぞれに地蔵を配する、いわゆる六道地蔵信仰や、伝説と結びついた身代わり地蔵、首切り地蔵といった信仰が生まれてきたと考えられています。

また、中国に源を発する、地獄にいる十人の冥官《めいかん》が死者を裁く「十王信仰」が日本に伝わり、それぞれの冥官に本地仏があてはめられるようになると、地蔵信仰もますます盛んになっていきました。中世以降の地蔵信仰の最大の特徴は、賽《さい》の河原との結びつきと、それに関する道祖神（117ページ参照）との結びつき、いちじるしい現世利益化という三つの点です。

賽の河原と道祖神との結びつきは、地蔵が六道の巷《ちまた》を住みかとする信仰と、道祖神が祀られている村境などが、しばしば賽の河原に見立てられたことから発想されたと考えられます。現世利益化は、地蔵にかぎらず中世以降、神仏が現世利益化されてきた流れから生まれたと考えられます。

地蔵には数多くの種類があります。形も、左手に宝珠、右手に錫杖《しゃくじょう》を持ち、柔和な顔をした一般的な地蔵から、奇妙な形をした石のようなものまでさまざまです。

ここで紹介しているのは、日本全国数あるなかでも、少々風変わりで個性的なお地蔵さまです。もちろん、それでもほんの一部ではありますが、願をかけてみたいと思ったり、気になるお地蔵さまがあれば、一度訪ねてみるといいでしょう。

賽《さい》の河原《かわら》地蔵尊

青森県北津軽郡金木町大字川倉

賽の河原地蔵尊のお堂は、太宰治《だざいおさむ》の生家、現在は記念館となっている「斜陽《しゃよう》館」のある金木《かなぎ》駅前から車で十五分ほどの距離にあります。

この地蔵尊の由来はたいへんに古く、今から二千三百年前、あるいは数千年前にさかのぼるといわれています。言い伝えによれば、この地の天空に不思議な御灯明が飛来し、光に照らされた場所に行ってみると、見慣れない石がありました。そこを掘り、現れた一体の地蔵を祀《まつ》ったのが、この地蔵尊です。

本堂に入ると、本尊の地蔵菩薩、その後方の十数段の棚には、色とりどりの帽子や衣裳《いしょう》を着けた地蔵がびっしりと並んでいます。本堂の右手には水子地蔵堂があり、流産や死産などでこの世に生を受けなかった子供を供養しています。これとは別に人形堂がもう一棟あり、結婚せずに死んだ子供を供養するため、親が納めた人形が並んでいます。

賽の河原地蔵尊のご利益は、病気回復。病気の人は布で地蔵をなで、それで自分の悪いところをさすると、不思議と病気が治ると伝えられています。重い病気の場合は、地蔵を家に連れていき、地蔵と病人を代わる代わるなでてお祈りすると、治るといわれています。

地蔵尊の祭日は、旧暦の六月二十二〜二十四日。祭日には露店が並び、死んだ子の冥福《めいふく》を祈るばかりでなく、生きている子の健康と成長を願う人々でにぎわいます。

味噌《みそ》なめ地蔵

山梨県甲府市太田町5―16

甲府《こうふ》市内の一蓮寺《いちれんじ》に安置されている味噌なめ地蔵は、自分の病気と同じ地蔵の体の部分に味噌を塗ると、病気が治ると伝えられています。

地蔵が安置されている祠《ほこら》には、大小三十六あまりのお地蔵さまが並んでいますが、その真ん中で台座に座っているのが味噌なめ地蔵です。

現在は白い頭巾《ずきん》と前垂れをかけているので、手でさすったり、味噌を入れた容器を置いていく人が多いのですが、以前は、体中にべったりと味噌が塗られ、あたり一面に味噌の匂いが漂っていました。

終戦後、味噌にハエがたかり、不衛生だということで、進駐軍から味噌を塗ることが禁止されましたが、それでも味噌を塗る人は後を断たなかったそうです。

味噌を塗ると病気が治るという信仰が生まれた背景には、こんな昔話があります。

正徳三年（一七一三）頃、一人の旅人が病気にかかり、一蓮寺の本堂で床についていました。住職が、諸国を旅して歩けるのも五穀のおかげなのだから、感謝の気持ちとして地蔵を建てることを勧《すす》めました。旅人は勧めにしたがい、地蔵を建てたところ、たちどころに病気が治ったのです。その後、この旅人の話から、当時、五穀でつくられる貴重な食べ物であった味噌を地蔵に塗ると病気が治るという言い伝えが生まれ、広く信仰されるようになりました。

子育て地蔵

茨城県北相馬郡、群馬県藤岡市、栃木県佐野市ほか

柔和な顔をし、庶民を優しく見守るお地蔵さまは、子供との関係が深い菩薩です。地蔵信仰から生まれた土俗的な言い伝え、賽《さい》の河原の話でも、死んだ子供が集まり、父母供養のために石を積んで塔を組もうとすると、鬼が出てきて壊してしまう。それを集めて組もうとすると、また崩される。石も河原も燃え、子供たちは逃げようとしますが逃げられず、父母の名を叫びながら白骨となってしまいます。そこに、現われるのが地蔵菩薩で、錫杖《しゃくじょう》で白骨を集めて、呪文を唱え、元の姿に戻すといわれています。

子育て地蔵は、そんな子供たちの守り地蔵尊で、六地蔵《ろくじぞう》（259ページ参照）やしばられ地蔵（258ページ参照）と同じく日本各地に祀《まつ》られています。

布川子育地蔵を祀る茨城県北相馬《きたそうま》郡の徳満寺は、元亀年間（一五七〇～一五七三）に祐徳上人が中興した真言宗の寺で、創建はそれより以前と伝えられています。地蔵堂を建立し、地蔵菩薩を祀ったのは、元禄年間（一六八八～一七〇四）といわれています。この寺にある間引きの絵馬は、生まれたばかりの子を母親が殺し、その姿が障子に影絵となり、鬼として描かれています。『遠野物語』で有名な柳田国男は、この絵馬を見て、民俗学を志したということです。

また、正治二年（一二〇〇）に創建されたと伝えられる群馬県藤岡《ふじおか》市の観音寺《かんのんじ》には、赤子を抱えた子育て地蔵が祀られており、四日と十二日におこなわれる「火渡り護摩《ごま》」には、多くの参詣者が訪れます。

万人子守地蔵尊《ばんにんこもり》

福島県二本松市岩代町小浜字反町

子供の守護神として厚い信仰を集めている万人子守地蔵尊は、およそ六百年前の応永年間（一三九四〜一四二八）に創建されました。

この地蔵は、堂の外に出て子供と遊びながら、子供を守りつづけてきたお地蔵さまで、その昔、子供が河原に置き去りにしたために、仙台《せんだい》まで流されてしまいましたが、幸いにも戻ってきたといわれています。木彫りの像を祈禱《きとう》して地蔵にしてもらい、それをいつもそばに置いておくと、身を守ってもらえます。独眼竜で知られる仙台藩主・伊達政宗《だてまさむね》も、身代わりお守りとして肌身につけていたそうです。

塩地蔵

埼玉県行田市行田23―10

行田《ぎょうだ》市駅から十五分ほど歩くと、国道一二五号沿いにある大長寺の境内に塩地蔵はあります。背丈一メートルほどのお地蔵さまは、頭から足元までいたるところに塩がつき、長い間、大量の塩にさらされたせいか、下半身がすっかりやせ細り、少々痛々しいほどです。

願かけをするときは、自分の体の悪い部分と同じお地蔵さまの部分に塩を盛ってお願いするか、お地蔵さまの塩をいただいて帰り、体の悪いところにつけます。治ったときは、いただいた塩の二倍から三倍の塩をお供えします。

銕焼《かなやき》地蔵

長野県諏訪郡下諏訪町横町3454

銕焼地蔵は、諏訪大社秋宮から少し歩いた国道沿いの来迎寺《らいごうじ》の境内にあります。御丈二九・五センチ、総高六七・五センチの地蔵尊は和泉《いずみ》式部の守り本尊で、鎌倉時代、北条時頼《ほうじょうときより》に京都から背負われてここに祀《まつ》られ、その後、かねという名前の娘の身代わりになり、その名がついたと伝えられています。かねの話は諏訪に伝わる伝説で、貧しい百姓の娘だったかねは、幼い頃から下諏訪の旅籠《はたご》に奉公していました。心やさ

塩地蔵

銕焼地蔵

しく、評判の器量よしでしたが、それが災いし、旅籠の女主人や仲間の女中から妬《ねた》まれていました。

かねは、庄屋の野良仕事へ弁当や茶を運ぶ仕事の途中、毎日、来迎寺のお地蔵さまに祈願していましたが、ある日、弁当の中身が少ないという騒ぎが起こりました。仲間の女中が仕組んだ罠《わな》です。

一言も言い訳をしないかねに怒った女主人は、なんと焼け火箸《ひばし》で顔を叩きました。あまりの痛さとひどい傷に、かねは外へ飛び出し、お地蔵さまに泣いてすがりました。すると突然、お地蔵さまの顔に焼けただれた傷ができ、そこから血が流れてきたのです。驚いたかねでしたが、痛みがなくなっているのに気づき、諏訪湖の水面に顔を映してみると、傷はすっかり消え、以前よりも美しくなっていました。かねは涙を流して、感謝したということです。

現在、地蔵尊は四月二十四日の御開帳の日にだけ見ることができます。

あごなし地蔵

埼玉県川越市喜多町５―１

歯痛を治してくれるお地蔵さんとして、古くから知られているのが、広済寺《こうさいじ》という曹洞宗の寺の境内にあるあごなし地蔵です。後ろの棚に置かれた額には「無腮《むさい》地蔵尊」と書かれており、「腮」はあごを意味しますが、どのような願いを込めて、下あごのないお地蔵さまをつくったのかは、今となっては定かではありません。

昔は、お参りして歯痛が治った人は、ヤナギの枝でつくった楊枝《ようじ》を奉納しました。これは、歯ブラシ代わりとして、房楊枝を用いていたことからと考えられています。

シャブキバァバァ

埼玉県川越市喜多町５―１

○○地蔵と呼ばれることが多い地蔵尊のなかでも、ユニークな名前がつけられているのが、あごなし地蔵の右隣りにあるシャブキバァバァです。形も人形ではなく、高さ七〇センチほどの奇妙な石を祀《まつ》っているのが特徴的です。

シャブキバァバァは、咳《せき》や喘息に効くといわれ、石に荒縄を巻いて願をかけ、治ったときは、縄を解き、お茶とコンペイトウを供えるのが習わしとなっています。

名前の由来となった「シャブキ」とは、咳の古語である「シワブキ」が変化したもので、「シャブキバァバァ」とは、「咳の婆」のことをいいます。

黒こげ地蔵

埼玉県狭山市入間川1―9―37

狭山《さやま》市駅前から徒歩十分ほどの慈眼寺《じげんじ》の裏手にあるのが、黒こげ地蔵です。まっ黒地蔵とも呼ばれるのは、線香の煙でいぶされて、すっかり黒くなってしまったからです。

黒こげ地蔵にはこんな言い伝えがあります。この辺《あた》りに住む若者の体にイボができ、薬の効き目もありません。しかし、隣のおばあさんから、お地蔵さまのことを聞いてお参りし、線香の灰をイボに塗って帰ってきたところ、イボがすっかり治ったという

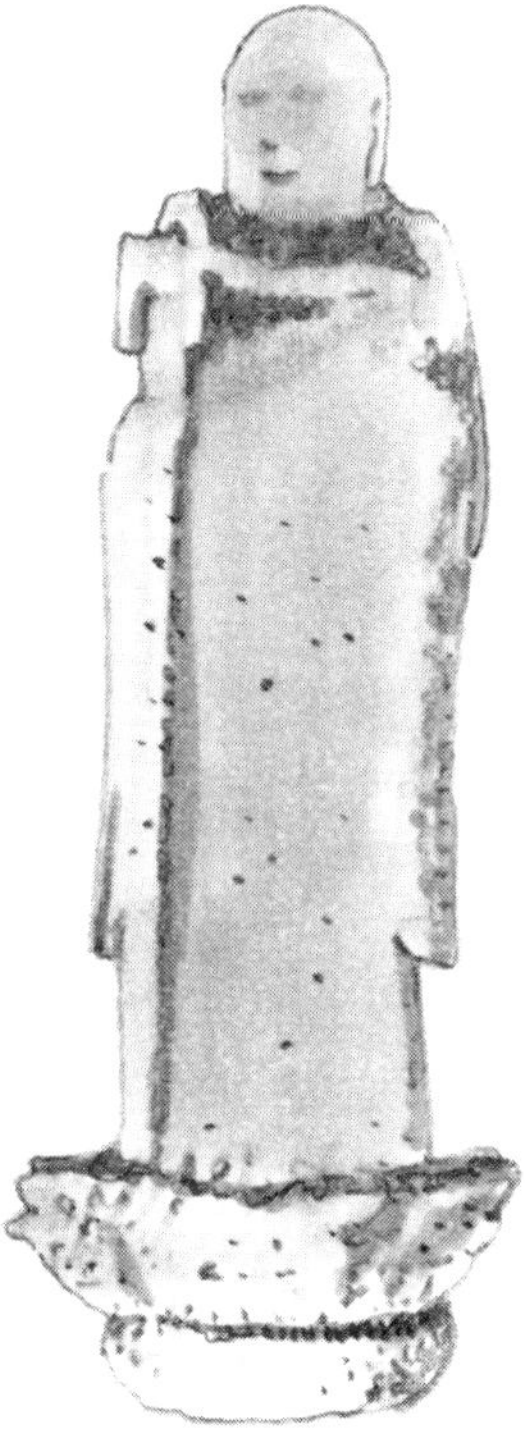

あごなし地蔵

黒こげ地蔵

のです。以来、お参りする人は線香の灰を持ち帰り、お礼に線香を供えるようになり、おかげでお地蔵さまは、いぶされてまっ黒になったということです。

とげぬき地蔵

東京都豊島区巣鴨3—35—2

「おばあちゃんの原宿」として、全国的に知られる東京・豊島《としま》区巣鴨《すがも》にあるのが、病気平癒《へいゆ》、開運厄除、商売繁盛にご利益があるといわれているとげぬき地蔵です。

現在、とげぬき地蔵は、旧中山道の地蔵通り商店街にある曹洞宗の寺「萬頂山高岩《こうがん》寺」の境内にありますが、慶長元年（一五九六）の開山当時は文京区湯島《ゆしま》にあり、その後、台東区下谷《したや》への移転を経て、明治二十四年（一八九一）に現在地に移りました。

寺の縁起《えんぎ》によると、慶長の頃、病気でふせっていた田村氏の妻の夢のなかに延命地蔵が現われ、印像を授けました。妻がこの印像で一万体の捺印《なついん》をして、隅田川に流したところ、病気が治ったと伝えられています。

その後、正徳五年（一七一五）、毛利《もうり》家の女中が誤って針を飲み込み、このお地蔵さまのお札を飲んだところ、針が出てきたとも伝えられており、以来、とげぬき地蔵として信仰されるようになったということです。

本尊は延命地蔵菩薩で、病気平癒《へいゆ》と厄除けにご利益があり、その左にある石地蔵（洗い地蔵）は、水をかけ、自分の体の悪いところと同じところをさすると、病気が治るといわれています。毎月四のつく縁日の日は、巣鴨駅から門前まで、ミニ地蔵、くずもち、茶碗などを売る露店を楽しむ人や病気平癒を願い、境内のお地蔵さまを参詣する人々でにぎわいます。

三体地蔵

埼玉県川越市新富町2―5―4

川越駅前の商店街を通り抜け、大きなスーパーの路地を曲がると、ビルに囲まれるようにして建つ西雲寺《さいうん》の境内の一角に三体地蔵はあります。

安置されたお堂の中には、黒光りした高さ三〇センチほどの三体のお地蔵さんが並んでいます。

お地蔵さまの手はそれぞれ違う形をしており、中央のお地蔵さまは、合掌《がっしょう》した手を上向きにして上求菩提《じょうぐぼだい》の印を、右隣のお地蔵さまは手を下向きにして下化衆生《げけしゅじょう》の印を、左隣のお地蔵さまは、手を大般若経を持った形で般若梵篋《はんにゃぼんきょう》の印を結んでいます。

三体地蔵の由来は、その昔、会津藩の殿さまの夢に地蔵が現われたことに始まります。地蔵のお告げにしたがって、沼の中に埋まっていた地蔵を掘り出し、祀《まつ》っていましたが、家来の一人がその地蔵を背負って諸国を行脚《あんぎゃ》し、最後にこの地にやってきて、お堂に納めたと伝えられています。

三体地蔵の霊験は、かつては疱瘡《ほうそう》（天然痘《てんねんとう》）にありました。お堂にある麻と塩をもらい、麻を縄にして首に輪のようにしてかけ、塩を飲むと治るとされていました。治ったときは、二倍の麻と塩をお返しするのが習わしで、その頃は麻や塩のほか、小豆やだんごも供えられたそうです。

現在も病気平癒《へいゆ》や安産、子育て、交通安全、学業成就とさまざまな願いごとをかなえてくれるお地蔵さまとして、お参りする人が絶えません。

三体地蔵

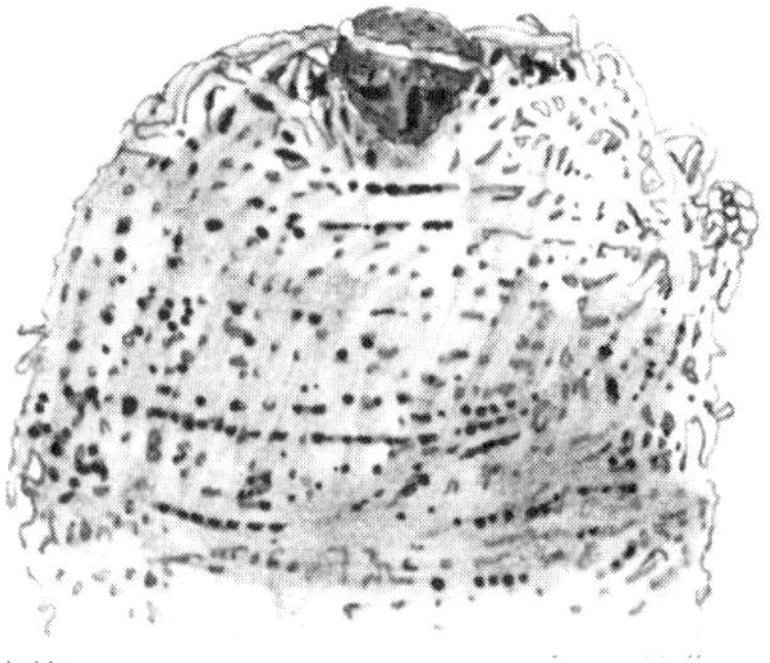

しばられ地蔵

しばられ地蔵

東京都葛飾区、長野県上田市、福島県福島市ほか

数あるお地蔵さまのなかでも、六地蔵（259ページ参照）と並んでポピュラーなのが、お地蔵さまを縄で縛《しば》りあげ、願いごとがかなうと縄をほどく、しばられ地蔵です。日本各地にあるしばられ地蔵の多くは、全身を荒縄で縛られた姿をしています。

東京都葛飾区のしばられ地蔵は、盗難除け、厄除けにご利益があり、長野県上田市《うえだ》の縄目地蔵は雨乞いに荒縄で縛るとご利益があるといわれています。また、福島県福島市飯坂《いいざか》町茂庭《もにわ》のしばり地蔵は、選挙や博打《ばくち》、入学試験にご利益があるといわれ、事前に木像の地蔵に縄をかけて祈願し、成就すると縄をとく習わしになっています。

赤地蔵

埼玉県熊谷市平塚

熊谷《くまがや》駅からバスに乗り上恩田《かみおんだ》というバス停で降りると、その道路の交差点近くの畦《あぜ》

道《みち》に赤地蔵があります。小さな祠《ほこら》に祀《まつ》られたお地蔵さまですが、歯痛に霊験あらたかといわれています。というのも、このお地蔵さまは「べんがら（紅殻）」という塗料で塗られており、べんがらを少し削って痛い歯に塗ると不思議に治るとされているからです。

赤地蔵が全身真っ赤なのは、歯痛の治った人がお礼にべんがらを持ってきて塗ったからだそうですが、現代になっても子供連れで願かけに来る人がいるお地蔵さまです。

六《ろく》地蔵

茨城県東茨城郡常澄村六反田767—2
福島県檜枝岐村ほか

大慈悲をもって衆生を苦しみから救ってくれるとされるお地蔵さまには、庶民のさまざまな願いが込められています。なかでも六地蔵は、お釈迦さまが入滅のとき、その委嘱《いしょく》を受けて、弥勒《みろく》菩薩が現われるまでの間、六道（地獄、餓鬼、畜生、修羅、人間、天上）の衆生を救う菩薩として、古くから信仰されてきました。

名称や形像は典籍《てんせき》によって違いますが、一般に地獄道を化す金剛願《こんごうがん》、餓鬼道を化す金剛宝《ほう》、畜生道を化す金剛悲《ひ》、修羅を化す金剛撞《どう》、人間道を化す放光《ほうこう》、天上を化す預《よ》天賀《てんが》地蔵の総称といわれています。

日本では平安中期以降、六地蔵の信仰が盛んになり、岩手県の中尊《ちゅうそん》寺、茨城県の六地蔵《ろくじぞう》寺、新潟県の光照《こうしょう》寺、京都府の大善《だいぜん》寺など、各地に六地蔵が安置されています。祀《まつ》り方も、寺院に祀ったものから路傍《ろぼう》や墓地に祀ったもの、六カ所の寺院やお堂に祀られたものなどさまざまで、形像も六体のお地蔵さまを並べたものから石灯籠《どうろう》に六種の地蔵を刻んだものなど、多種多様です。

その一つ、寛平三年（八九一）の創建と伝えられる茨城県の真言宗の寺「六地蔵寺」に祀られた六地蔵は、安産や子育て、病気平癒《へいゆ》、招福開運にご利益があるといわれています。また、福島県檜枝岐《ひのえまた》村の六地蔵は、間引き供養の地蔵尊として、帽子や衣裳、前垂れをかけた姿で、祈願に訪れる人を優しく見守っています。

お化粧地蔵

東京都港区三田4―11―19

女性ならぜひ訪れてみたいのが、田町《たまち》駅の近く、フランス公使館跡の先の幽霊坂の途中にあるお化粧地蔵です。全身真っ白に白粉《おしろい》でお化粧された、このお地蔵さまは、玉鳳寺《ぎょくほう》という浄土宗の寺に安置されており、延命長寿、美肌成就、無病息災に霊験があるといわれています。

堂内に掲げられた縁起文によると、このお地蔵さまの由来は寛永年間（一六二四〜一六四四）にさかのぼります。

当山中興の宗逸和尚が東国巡錫《じゅんしゃく》の折り、京橋八丁堀《きょうばしはっちょうぼり》地蔵橋を渡ったとき、顧《かえり》みる人もなく風雨にさらされ、半ば壊れた地蔵尊を見つけました。そのありがたさといたわしさに、近くの家から白粉をもらい、地蔵尊の体に塗り、壊れた部分を補ったところ、たちまち美しい姿になりました。和尚は、このお地蔵さまが尋常一様ではない地蔵尊であると喜び、一宇を建立して、永く一切衆生の苦しみを救おうと発願し、喜《き》捨《しゃ》を集め、その願いを成就したところ、和尚の顔のあざがいつの間にかきれいに消えていたというのです。

以来、お化粧地蔵の名は広く知られることになり、その霊験を得た者は限りないと伝えられています。

お化粧地蔵にお参りするときは、体の悪い部分と同じお地蔵さまの部分に白粉を塗り、「ここをお治しください」と祈願します。願いがかなったあとは、お礼に地蔵の全身に白粉を塗るのが習わしとなっています。

旭《あさひ》地蔵

東京都新宿区新宿2―15―18

明治通りと靖国通りの交差点にほど近い、成覚寺《じょうかくじ》という寺の門の左手にあるのが、旭地蔵です。この成覚寺は、江戸時代、内藤新宿《ないとうしんじゅく》の飯盛《めしも》り女たちの投げ込み寺でした。女たちは年期明け前に死ぬと、この寺に棄《す》てられるように埋められ、その数は約三千人にも上ると伝えられています。「三界萬霊《さんがいばんれい》」と刻まれた台座の上に置かれた、高さ六〇センチほどの旭地蔵も、そんな悲しい運命をたどった女たちの悲話に彩《いろど》られ

お化粧地蔵

旭地蔵

ています。蓮座と台座の間の丸い石には、十八人の戒名が刻まれており、それについて、かたわらにある新宿区指定の有形文化財の立て札には、次のようなことが書かれています。

「十八人の人々は、寛政十二年（一八〇〇）から文化十年（一八一三）の間に宿場内で不慮の死をとげた人たちで、そのうち七組の男女は、なさぬ仲を悲しんで心中した遊女と客だと思われる。これらの人々を供養するために、寛政十二年七月に宿場中が合力《ごうりき》し、今の新宿御苑北側を流れていた玉川上水の北岸に建立した。別名『夜泣き地蔵』とも呼ばれていた。明治十二年七月の道路拡張にともない、ここに移転された。宿場町新宿が生みだした悲しい男女の結末と新宿発展の一面を物語る貴重な歴史資料である」

また、このお地蔵さまは、子供の夜泣きにご利益があるともいわれ、それが夜泣き地蔵という別名がつく由来になったとも伝えられています。

ほうろく地蔵

東京都文京区向丘1―11―3

歌舞伎の演目にもなり、悲恋話のヒロインとして有名な八百屋お七を供養するために寄進されたのが、旧中山道沿いの大円寺《だいえんじ》境内にあるほうろく地蔵です。

この高さ一・五メートルほどのお地蔵さまは、頭の上にほうろく（素焼きの平らな土鍋）を三枚載せて立っており、台座のまわりには、ほうろくがうずたかく積まれています。ほうろくをかぶっているのは、お七に代わって焦熱《しょうねつ》の苦しみを受けるためといわれています。ご利益は、頭痛や目、耳、鼻など、首から上の病気平癒《へいゆ》です。

梯子《はしご》地蔵

京都府京都市西京区嵐山薬師下町48

嵐山《あらしやま》の渡月橋から酒の神さまで有名な松尾神社に向かってしばらく歩くと、小さなお堂が見えてきます。梯子地蔵大菩薩と書かれた提灯《ちょうちん》が下げられた、このお堂の中に安置されているのが、梯子地蔵です。

梯子地蔵は、夜尿症《やにょうしょう》などの下の病気に霊験あらたかとして知られており、地蔵尊の前に立てかけてある梯子の雛型《ひながた》には、「おねしょがなおりますように　四歳　ミチル」「おしっこが上手にできますように　三歳　佳奈」といった文字が書かれています。

このお地蔵さまに祈願するとき、またお礼参りのときは、自分の年齢と同じ段数の梯子を奉納することになっています。梯子と下の病気の取り合わせは奇妙に思えますが、それには、こんな話が関係しています。

今からおよそ五百年前、ある天台宗の修行僧が比叡山で厳しい荒業に励んでいました。ところが、なぜか寝小便のクセが直りません。そのため破門されてしまった僧は、比叡山の見える、この険《けわ》しい岩山の上で修行を積み重ねたところ、寝小便が治ったばかりか、その後、天徳恵尭大師と呼ばれる高僧になったというのです。

大師の死後、岩山に一体の地蔵尊が祀《まつ》られることになり、人々は寝小便を治してくれるお地蔵さまとしてお参りするようになりましたが、高いところにあるので梯子をかけて参詣したということです。

梯子地蔵

とんがらし地蔵

とんがらし地蔵

神奈川県高座郡寒川町宮山1785

「イボ取り地蔵」とも呼ばれるとんがらし地蔵は、別名のとおり、イボ取りにご利益があるお地蔵さまですが、現在ではガン封じや長寿祈願にも霊験があるといわれ、遠くからお参りに来る人が後を断ちません。

祈願するときには、赤い唐辛子の実を自分の歳の数だけ編み、お地蔵さまの首や腕にかけると、一切の痛みや苦しみの源（イボ）が抜けるといわれています。

とんがらし地蔵がある興全寺《こうぜんじ》は、室町末期に創建された禅寺で、徳川家康が寒川《さむかわ》神社と一緒に参詣して以来、神仏両参りの風習が、この地に残ったと伝えられています。

とろけ地蔵

東京都目黒区下目黒1―8―5

悩みを解決したいと願う人たちが訪れるのが、大円寺《だいえんじ》の境内の五百羅漢《らかん》の隣に安置されているとろけ地蔵です。このお地蔵さまは石造りで、顔もかたちもはっきりしない、ひじょうに奇妙な形をしています。

隣に掲げられている立て札には、「江戸時代に目黒川に船着き場があった頃、漁師が海から引き揚げてきた仏さまで、昔から悩みごとをとろけさせてくれると信仰されている」とあります。「とろけた」お地蔵さまですから、悩みも「とろけ」させてくれるというわけのようです。

おしろい地蔵

東京都目黒区下目黒3—4—4

とろけ地蔵の近くに蟠龍寺《ばんりゅうじ》という浄土宗の寺があります。この寺には、山手七福神の弁財天が祀《まつ》られており、とくに石像の弁財天は、裏山の岩窟《がんくつ》の奥に祀られているので、岩屋弁財天と呼ばれています。この弁天堂の裏手にある墓地の一角に安置されているのが、おしろい地蔵です。顔には白粉や紅が塗られており、以前は浅草にありましたが、震災後、この地に移されました。

顔の病を治してくれるお地蔵さまで、交通事故などで顔にケガをした女性がお参りにくるばかりでなく、美人になりたいと願う女性もしばしば訪れます。

水子地蔵

神奈川県鎌倉市、栃木県佐野市ほか

この世に生まれたものの、その年のうちに死んだり、流産や死産、妊娠中絶で亡くなった赤ん坊を供養するのが水子地蔵です。

一般的に生をまっとうできなかった子供は、仏の数には入れず、葬式や埋葬も別にする風習があります。

地域によっては、台所のふみつぎの下に埋めて無縁仏として処理したり、墓地に埋めても墓地の入口や隅に特別の場所を設け、丸い石だけを置いたり、板卒塔婆《そとうば》だけで墓を建てなかったりします。これらは、どれもすぐに生まれ変わってくるようにという願いを込めて、おこなわれていることです。

インドから中国を経て日本に伝わった地蔵信仰は、日本の風土に根づく過程で、さまざまな民間信仰と習合しました。とくに鎌倉時代以降、地蔵菩薩を子供の守護神とし、安産や成長を願う子育て地蔵や子安地蔵が生まれるなど、地蔵菩薩と子供を結びつけた信仰形態が特徴的となっています。この世の生をまっとうできなかった水子供養の考えも、このような背景から生まれたと考えられています。

神奈川県鎌倉市の長谷寺や栃木県佐野《さの》市の佐野厄除大師ばかりでなく、日本各地の寺に安置されている水子地蔵ですが、子供を亡くしたり、妊娠中絶を経験した女性がひっそりとお参りを済ませるなど、現代になっても深く信仰されています。

穴明き地蔵

神奈川県川崎市多摩区枡形6―7―1

左手に穴が明いた石を持つ、高さ八〇センチほどの小さな穴明き地蔵は、平安時代に建立されたという由緒《ゆいしょ》ある寺、広福寺の山門のそばにあります。穴明き石は、目や耳の通りが良くなるようにという願いを込めて掛けられているもので、この風習は各地に残されています。

病気平癒《へいゆ》祈願のために、穴を明けた石を掛けて願かけをするわけですが、他の地域では、苦を抜くという意味から、穴明き石ではなく、釘《くぎ》抜きをお地蔵さまに掛けているところもあります。

首切り地蔵

神奈川県横須賀市西浦賀町5—58

かつては浦賀《うらが》奉行所が置かれ、近代は造船の町として栄えた浦賀にあるのが、首切り地蔵です。

小さな祠《ほこら》に納められているこのお地蔵さまは、「三命地蔵」とも呼ばれ、頭痛や目、耳、鼻、歯痛など首から上の病気を治してくれるといわれています。

祀《まつ》られるようになった由来には、浦賀にふさわしいこんな話が伝えられています。

幕末の元治元年（一八六四）、伊豆から弁天丸という船がこの地を訪れました。その船には松五郎、岩吉、忠蔵という水夫が乗っていましたが、せっかく浦賀に着いたというのに、遊ぶ金がありません。そこで、船に積んでいた錨《いかり》の綱を盗んで売り払い、その金で遊ぶことにしました。

やがて悪事は露見《ろけん》し、三人は浦賀奉行所の役人に捕らえられてしまいます。裁《さば》きの場で、三人は錨綱《いかりづな》は船にとっての命綱なので「命の綱を盗みました」と正直に白状しましたが、命の綱を盗るとは、人命をとるのと同じことであるということで、死罪を申し付けられてしまいました。

三人は生きて国へ帰れないことを悲しみ、はねられた首を浦賀の地にねんごろに葬ってくれたら、「首から上の病気は何でも治してあげよう」と言い残し、処刑されました。これを聞いた地元の人たちが、三人の首を供養する墓を建てたところ、以後、そこにお参りすると病気が治るという噂が広まったということです。

紙張《かみはり》地蔵

愛知県名古屋市中区大須2―15―7

江戸時代から遊郭《ゆうかく》や茶屋が集まり、現在も有名な繁華街として知られる名古屋市の大須《おおす》にあるのが、陽秀院という曹洞宗の寺に納められた紙張地蔵です。

全身に白い紙を張られ、真っ白な姿で立つこのお地蔵さまは、水で濡らした白い紙を自分の病気と同じお地蔵さまの体の部分に張りつけると、病気を治してくれると伝えられています。

その由来は古く、今から三百五十年余り前の寛永年間の頃、陽秀院の住職のもとに、相原氏という檀家が訪れました。そして「娘の腹部に悪性の腫《は》れ物ができ、日夜苦痛に悩まされ、見るに耐えない」と訴えます。

これを聞いた和尚《おしょう》は、日頃信仰している地蔵に一心に祈願したところ、ある夜、地蔵菩薩が夢に現われ、「白紙のごとき心で白紙を自らの身にあて、苦しみをこれにうつし、わが身にあずけ、邪心を捨て、真心をもって祈れば、われが代わりて、その苦を受けん」と告げるのです。

この話を聞いた相原氏はさっそく地蔵菩薩の御尊体に白紙を張り、御名号《みょうごう》と陀羅《だら》尼《に》を唱えて六日間祈願すると、ついに霊験が現われ、娘は平癒《へいゆ》したということです。その後昭和二十年（一九四五）三月十二日、この地は空襲で灰燼《かいじん》に帰《き》したのですが、御本尊の脇に立つ地蔵が身代わりとなり、御本尊は無事、災禍をまぬがれたとも伝えられています。縁日は毎月二十四日。参詣の人が列をなすほどにぎわいます。

めやみ地蔵

京都府京都市東山区祇園町南側585

歌舞伎で有名な南座《みなみざ》前を八坂《やさか》神社へ向かって歩くと、商店街の一角にあるめやみ地蔵、正しくは仲源寺《ちゅうげんじ》にたどりつくことができます。長い間、京都の人に愛されてきたお地蔵さまですが、もとは「雨止《や》み地蔵」と呼ばれていました。

安貞二年（一二二八）、暴風雨で鴨川《かも》が氾濫《はんらん》し、多くの人が溺《おぼ》れました。中原朝臣為兼という役人が調べてみると、四条河原《しじょうかわら》で助かる人のいる一角があり、不思議に思った為兼が馬を乗り入れてみると、そこに地蔵堂があるのです。

近づくと一人の稚児《ちご》が現われ、「水を防ぐのは地蔵菩薩なり」と言って消え去りました。為兼はお告げと思い、地蔵に祈ったところ、水は見る間に引き、大勢の人が助かりました。そこで、中原の字に人と水を加え、仲源寺と名づけ、地蔵を祀《まつ》るようになったのです。

このお地蔵さまの眼は、赤くうるんでいるように見えますが、それにはこんな話が残っています。

昔、この地蔵尊を信仰する老夫婦があり、夫は眼の病に苦しんでいました。ある夜、夫の夢に地蔵尊が現われ、お堂の閼伽《あか》水をくみ、薬をひたして使うようにと告げました。そのとおりにしてみると、なんと眼が見えるのです。お礼参りに行くと御本尊の眼から涙が落ち赤くなっていました。夫婦はお地蔵さまが身代わりになってくれたと感涙し、ますます信心するようになりました。以来、この地蔵尊をめやみ地蔵と呼ぶようになったということです。

洗い地蔵

京都府京都市東山区大黒町通松原下ル北御門前254

めやみ地蔵のある仲源寺から大和大路通を南にしばらく歩くと、家具店が並ぶ町中に、「浄行《じょうぎょう》大菩薩」と書かれた提灯《ちょうちん》の下がった寿延寺にたどりつきます。ここが洗い地蔵のある寿延寺です。

石造りで高さ五〇センチほどの洗い地蔵は、狭い参道の右脇に立っており、参詣する人は、タワシなどを手に水を柄杓《ひしゃく》でかけながら祈ります。

水をかけながら祈るようになったのは、お釈迦さまの弟子の一人、浄行菩薩が水徳をもって体の苦患《くかん》を洗い清めるといわれていることが関係しています。そのため、浄行菩薩である洗い地蔵には、水をかけてお参りするのが習わしとなっているのです。

寿延寺の創建は、今から三百五十年余り前の江戸時代中期といわれ、本堂には木像の浄行菩薩が安置されていますが、参詣の人々がじかに触れられるよう、百五十年前に石の姿で外に出てもらったと伝えられています。

そんな歴史を持っているためか、寿延寺のお地蔵さまは、庶民的な雰囲気が漂っており、体の悪い部分と同じお地蔵さまの部位を水で洗い流し、祈る人々の姿は絶えることがありません。また、南座や祇園が近いため、芸能人や芸妓の信仰も厚いといわれています。

洗い地蔵は、寿延寺以外にも各地の寺で祀《まつ》られており、東京近辺では鎌倉・妙本寺の蛇苦止堂《じゃくしどう》（29ページ参照）にもあります。

鍬形《くわがた》地蔵

京都府京都市北区大将軍川端町2

鍬形地蔵が安置されている地蔵院《じぞういん》は、通称「椿寺《つばきでら》」とも呼ばれ、三月末から四月末には赤や白、ピンクなど色とりどりに咲き誇ったツバキの花を堪能《たんのう》することができます。

鍬形地蔵は、安産に霊験あらたかといわれ、古くから妊婦の間で厚い信仰を集めてきました。その他、アル中治療にご利益のある、赤穂義士の後援者で名高い天野屋利《あまのやり》兵衛《へえ》の墓や、下の病気、とくに痔の回復にご利益のある椿大明神があり、痔に悩む人は、寺で授与するお守りの椿の葉を煎《せん》じて飲むと、効き目があるといわれています。

めぐり地蔵

神奈川県伊勢原市白根

めぐり地蔵は、隣組など、地域で組織した組内の子供のいる家庭を順番に回るお地

首なし地蔵

めぐり地蔵

蔵さまです。

日本各地で見ることのできる、比較的ポピュラーなお地蔵さまですが、伊勢原市《いせはら》の場合は、家に置いておく日数に決まりがありません。そのため、こんな話が残っています。

初めて地蔵をもらい受けたある家の主婦が、家の中にお地蔵さまを置くのを嫌い、祀《まつ》らずに、押入れの中にしまったところ、その日から子供たちが思いもかけない病気にかかってしまいました。主婦は、あわててお地蔵さまを押入れから出し、きちんと祀ったそうです。

首なし地蔵

大阪府東大阪市東石切町
広島県府中市出口町250

病気平癒《へいゆ》に霊験あらたかといわれる首なし地蔵は、その名が示すとおり、首から上がありません。

一見、異様に見える首なし地蔵ですが、頭痛やめまい、熱病、足腰の痛み、神経痛、肝臓病など、ほとんどの病気にご利益があるので、参詣する人が後を断ちません。

その首なし地蔵の一つ、大阪の石切藤地蔵尊は、病気平癒ばかりでなく、安産や子授け、縁結び、交通安全にもご利益があるといわれています。この地蔵尊は、南北朝時代、施餓鬼《せがき》（餓鬼の世界におちて飢餓に苦しむ亡者に食物を供えて弔う法会）のために建立されましたが、大坂夏の陣の戦いのおり、顔が行方不明になりました。それ以後、「首無し地蔵」と呼ばれ、病気平癒に効き目があるということで、参詣に訪れる人が増えたという話が残っています。

また、近年になって有名になった地蔵が、広島県府中《ふちゅう》市にある「首無地蔵」です。地蔵自体は古くからあったといわれ、昭和のはじめ頃には農道のかたわらに祀《まつ》られていました。その後、市道拡張工事のため、他の石とともに土中に埋められてしまい、存在がわからなかったのですが、昭和五十二年（一九七七）、府中市新町に住む東寿男という人の夢にお地蔵さまが現われ、埋めてある場所を告げました。

お告げに従って掘り起こし、祀ったところ、多くの人に霊験が現われ、その評判が人づてに広がり、各地から参拝者が訪れる現在のような状況になったということです。

釘抜《くぎぬき》地蔵

京都府京都市上京区千本通上立売上ル東側

「釘抜きさん」と呼ばれ、京都の人たちに親しまれているのが上京区の千本通《せんぼん》にある釘抜地蔵です。地蔵尊が納められている寺は、石像寺《しゃくぞうじ》といい、弘仁十年（八一九）に弘法《こうぼう》大師が開創したとされる由緒《ゆいしょ》ある寺です。

身の丈三尺六寸（約一メートル）の釘抜地蔵尊は、衆生の諸苦諸病を救い助けることを祈願して弘法大師が唐から持ち帰った石に自ら刻んだといわれています。最初は苦しみを抜き取るということで「苦抜地蔵」と呼ばれていましたが、その後、釘抜地蔵に変わったのには、こんな話が伝えられています。

室町末期、紀の国屋道林という大商人がいましたが、四十歳のとき、突然、両手が痛みだし、手当をつくしても効き目がありません。そんなおり、石像寺の地蔵尊が霊験あらたかである、という話を聞き、道林は一心不乱に願をかけました。すると満願の夜、夢枕に地蔵が立ち、「痛みが治らないのは、前世で人を恨《うら》んで人形をつくり、その手で八寸の釘を打って呪《のろ》ったからである。しかし、私に祈ってきたから、その釘を抜いてやろう」と告げたのです。夢から覚めると、手の痛みはすっかり消えていました。驚いた道林が地蔵尊に駆けつけてみると、地蔵尊の前には真っ赤に染まった二本の八寸釘があったということです。

地蔵尊に願をかけるときは「釘を抜いてください」と祈りながら地蔵堂の周囲をめぐり、願いがかなったときは、釘抜きと釘をつけた絵馬をお礼に奉納します。

汗出《あせだし》地蔵

京都府中京区六角通大宮西入

汗出地蔵は安産祈願、眼の病気平癒《へいゆ》、火難にご利益があります。伝教《でんぎょう》大師がつくったとされており、かつて滋賀県坂本村にあった頃は、泥足で田の植えつけをしてくれたという言い伝えから、「泥足地蔵」と呼ばれていました。

汗出地蔵の名がついたのは、昔、勘兵衛という人の妻が難産で苦しんでいましたが、地蔵尊に祈ると、無事に出産をすませることができました。お礼に参詣したところ、お地蔵さまの全身から玉のような汗が出ており、そこから汗出地蔵と呼ばれるようになったそうです。

星見地蔵《ほしみじぞう》

京都府京都市上京区御前通今子路下ル馬喰町

西雲寺《さいうんじ》の本堂の奥にひっそりと安置されているのが星見地蔵です。名前のとおり、夜空の星を仰《あお》ぎ見るような姿をしたお地蔵さまには、こんな言い伝えがあります。

平安時代、阿刀《あと》という家で男の子が欲しいと明星に祈願しました。ところが満願の日に黒雲がかかり、星が見えません。そこで地蔵菩薩に祈ると、一人の僧が現われ、空の一角を指して消えていきました。その方向を仰ぐと明星が輝いており、阿刀の家ではめでたく男の子をもうけることができました。この子がじつはのちの空海《くうかい》であり、彼が霊木を彫ってつくったのが、星見地蔵といわれています。

腰折《こしおり》地蔵

鳥取県出雲市宇那手町

腰の痛みはもとより、それ以外の願いもかなえてくれるのが、出雲市の山麓《さんろく》にある小さなお堂に祀《まつ》られた腰折地蔵です。上半身一個、下半身二個の石でつくられたこのお地蔵さまは、その昔、若いときの打撲で腰が折れ、生涯不自由な体で過ごした人が、「私が死んだら地蔵をつくってくれ。そうしたら、生まれ変わって人々にご利益を授ける」という願いをかなえたのが始まりとされています。

戦前には、八月十六日のお盆に日本各地から大勢の人が参詣に訪れ、踊りなどでにぎわっていたそうです。

空《そら》の地蔵尊

大分県南海部郡水津村

イボによく効くとして知られているのが、米水津《よのうづ》湾を見下ろす小高い山の頂きに立っている空の地蔵尊です。

高さ八〇センチほどの小さなお地蔵さまで、最近は残念なことに風化が目立つこともあり、どことなくさびしげな雰囲気が漂っています。

空の地蔵尊という名前の由来は定かではありませんが、そばにある銘《めい》には安永元年(一七七二)と書かれてあります。一説には、真っ青な海を見下ろし、澄みきった空の下に立ち、いつもふるさとを見守っているところから、その名がつけられたともいわれています。

《参考文献》

『神と仏』（山折哲雄著　講談社）／『神社辞典』（白井永二・土岐昌訓編　東京堂出版）／『日本の神様を知る事典』（阿部正路監修　日本文芸社）／『病気を癒す小さな神々』（立川昭二著　平凡社）／『福を呼ぶ寺社事典』（講談社）／『現代人のための仏教の知識百科』（ひろさちや監修　主婦と生活社）／『仏教人物事典』（大法輪閣）／『庶民のほとけ』（頼富本宏著　日本放送出版協会）／『日本宗教民俗図典』（法蔵館）／『民間信仰辞典』（桜井徳太郎編　東京堂出版）／『路傍のお地蔵さま』（伊藤古鑑著　春秋社）／『地蔵と娑婆のお地蔵さん』（ひろさちや著　大法輪閣）／『呪術・祈禱と現世利益』（大法輪閣）／『厄払い入門』（三橋健著　光文社）／『招き猫の文化誌』（宮崎良子著　青弓社）

（この作品『ニッポン神さま図鑑』は、平成八年三月、はまの出版からB６判で刊行されたものです）

一〇〇字書評

切り取り線

購買動機（新聞、雑誌名を記入するか、あるいは○をつけてください）

□（　　　　　　　　）の広告を見て	
□（　　　　　　　　）の書評を見て	
□ 知人のすすめで	□ タイトルに惹かれて
□ カバーがよかったから	□ 内容が面白そうだから
□ 好きな作家だから	□ 好きな分野の本だから

●最近、最も感銘を受けた作品名をお書きください

●あなたのお好きな作家名をお書きください

●その他、ご要望がありましたらお書きください

住所	〒				
氏名		職業		年齢	
新刊情報等のパソコンメール配信を 希望する・しない	Eメール	※携帯には配信できません			

あなたにお願い

この本の感想を、編集部までお寄せいただけたらありがたく存じます。今後の企画の参考にさせていただきます。Eメールでも結構です。

いただいた「一〇〇字書評」は、新聞・雑誌等に紹介させていただくことがあります。その場合はお礼として特製図書カードを差し上げます。

前ページの原稿用紙に書評をお書きの上、切り取り、左記までお送り下さい。宛先の住所は不要です。

なお、ご記入いただいたお名前、ご住所等は、書評紹介の事前了解、謝礼のお届けのためだけに利用し、そのほかの目的のために利用することはありません。またそのデータを六カ月を超えて保管することもありませんので、ご安心ください。

〒一〇一・八七〇一
祥伝社黄金文庫編集長　萩原貞臣
☎〇三（三二六五）二〇八〇
ohgon@shodensha.co.jp

祥伝社黄金文庫

祥伝社黄金文庫　創刊のことば

「小さくとも輝く知性」――祥伝社黄金文庫はいつの時代にあっても、きらりと光る個性を主張していきます。

真に人間的な価値とは何か、を求めるノン・ブックシリーズの子どもとしてスタートした祥伝社文庫ノンフィクションは、創刊15年を機に、祥伝社黄金文庫として新たな出発をいたします。「豊かで深い知恵と勇気」「大いなる人生の楽しみ」を追求するのが新シリーズの目的です。小さい身なりでも堂々と前進していきます。

黄金文庫をご愛読いただき、ご意見ご希望を編集部までお寄せくださいますよう、お願いいたします。

平成12年(2000年) 2月1日　　祥伝社黄金文庫　編集部

ニッポン神《かみ》さま図鑑《ずかん》

平成15年12月20日　初版第1刷発行
平成18年8月30日　第2刷発行

編　著　宗教民俗研究所《しゅうきょうみんぞくけんきゅうしょ》

発行者　深澤健一

発行所　祥《しょう》伝《でん》社《しゃ》
東京都千代田区神田神保町3-6-5
九段尚学ビル　〒101-8701
☎ 03（3265）2081（販売部）
☎ 03（3265）2080（編集部）
☎ 03（3265）3622（業務部）

印刷所　萩原印刷

製本所　積信堂

ISBN4-396-31337-3　C0136

祥伝社のホームページ・http://www.shodensha.co.jp/

祥伝社黄金文庫

樋口清之　完本　梅干と日本刀

日本人が誇る豊かな知恵の数々。真の日本史がここにある！　120万部のベストセラー・シリーズが一冊に。

樋口清之　秘密の日本史

仏像の台座に描かれた春画、平城京時代からある張形…学校の教科書では学べない隠された日本史！

樋口清之　逆《さかさ》・日本史〈昭和→大正→明治〉

〝なぜ〟を規準にして歴史を遡《さかのぼ》っていく方法こそ、本来の歴史だと考えている。（著者のことばより）

樋口清之　逆・日本史〈武士の時代編〉

「樋口先生が語る歴史は、みな例外なく面白く、そしてためになる」（京大名誉教授・会田雄次氏激賞）

樋口清之　逆・日本史〈貴族の時代編〉

「なぜ」を解きつつ、日本民族の始源に遡《さかのぼ》る瞠目の書。全国民必読のロング・ベストセラー。

樋口清之　逆・日本史〈神話の時代編〉

ベストセラー・シリーズの完結編。「疑問が次々に解き明かされていく興奮を覚える」と谷沢永一氏も激賞！

祥伝社黄金文庫

祥伝社黄金文庫

田中　聡　東京ことはじめ

とんかつ、人力車、料理学校、お子さまランチ、動物園…元祖を探ると日本近代化の道筋がよく見える。

楠戸義昭　日本の城　恐怖伝説

姫路、熊本、金沢…現地を徹底取材！名城は、愛憎と権力が渦まく修羅の空間だった！

楠戸義昭　醍醐寺の謎

秀吉が死の直前に開いた「醍醐の花見」。なぜ醍醐寺で、なぜその時期に？　数々の謎を解き明かす。

楠戸義昭　車窓から歴史が見える

新幹線は大都市を結ぶ単なる交通手段ではない―関ヶ原の合戦、忠臣蔵など日本の著名な事件が展開する。

須藤公博　愛と欲望の日本史

家光はコスプレ好き・ニセ札づくりを指示した大蔵大臣とは？…有名人たちのトンデモないエピソード。

須藤公博　夜つくられた日本の歴史

聖徳太子の政治力の源は絶倫パワー、三角関係のモツレで起きた壬申の乱等々、日本史㊙エピソード満載！